PIŞMEK

KOCHEN AUF TÜRKISCH

COLLECTION
ROLF HEYNE

PIŞMEK

KOCHEN AUF TÜRKISCH

Geschichten und Rezepte aus dem Land am Bosporus

LEANNE KITCHEN

COLLECTION ROLF HEYNE

OTEL
BO BANANAS
BO BANANAS
TÜMEN TARIM
TÜMEN TARIM
UMUT TIC.

INHALT

yaz öğüleri (1):
Kemal Özer

EINFÜHRUNG

Einerlei, wie erschöpft ich nach dem langen Flug von Sydney bin, ich fühle mich neu belebt, wenn ich die Skyline von Istanbul sehe, durchbrochen von Hunderten Minaretten und umrahmt vom tiefen, blauen Wasser. Es gibt einfach nichts auf Erden, was der Türkei gleicht. Inzwischen kenne ich Istanbul so gut, dass ich schnurstracks auf meine Lieblingsgeschäfte, -imbissbuden und -restaurants zusteuere. Aber ich genieße immer noch die vielen eher klischeehaften, wenngleich typischen Reize der Stadt, zum Beispiel die Muezzin der Moscheen von Sultanahmet, deren konkurrierende Gebetsrufe in den alten Kopfsteinstraßen wie eine klangvolle Arie widerhallen.

Wie in den meisten islamischen Kulturen begegnet man Ausländern, die durch die Türkei reisen, besonders freundlich. In großen Orten wie Istanbul, in denen es von Touristen wimmelt, ist diese Freundlichkeit weniger spürbar, obwohl die zahllosen Tassen Tee, angeboten von Händlern, die etwas (oft einen Teppich) verhökern wollen, als Gastfreundschaft interpretiert werden könnten, wenn auch mit eindeutig kommerziellem Beigeschmack. Je weiter ich mich von den Pfaden der Touristen entferne, desto größer ist die Chance, dass mich jemand zu einem Imbiss oder sogar zu einem selbst gekochten Mahl einlädt. Die traditionelle türkische Gastfreundschaft bildet den perfekten Rahmen für das Essen, das ich so liebe und das ein weiterer wichtiger Grund für meine Reisen ist. Ich fliege in die Türkei, um Menschen zu begegnen und die Kultur kennenzulernen, aber auch, um an Mahlzeiten teilzunehmen und neue Aromen zu schmecken.

Jedes Mal, wenn ich mich in einem städtischen Labyrinth verirre oder mit einer neuen »Freundin« durch ein entlegenes Dorf trotte, wundere ich mich über meine Gutgläubigkeit. Immerhin könnte das junge Mädchen, das mich nach Hause zum Tee einlädt, eine Kleptomanin sein, die fest entschlossen ist, meine Kreditkarten zu stehlen. Und diese Kurden, die beim Picknick sitzen, starren mich zweifellos wie eine künftige weiße Sklavin an (wenn Sie nie wieder von mir hören, dann füttere ich Pferde, pflüge Äcker und jage mit Falken – ganz gegen meinen Willen irgendwo in der tiefsten Hakkari-Provinz). Natürlich ist nichts dergleichen je geschehen, aber ich will damit sagen: In meiner Heimat wäre ich nicht so erpicht darauf, jemandem zu folgen, den ich eben erst getroffen habe, nur weil ich hoffe, beköstigt und mit Tee gefüllt zu werden. Zu Hause würde man mich für unzurechnungsfähig erklären.

Die Bewohner der Türkei sind überaus stolz auf ihre kulinarische Kultur, und das mit Recht; denn ihre reichhaltige, vielseitige und altehrwürdige Küche wurde von vielen verschiedenen Einflüssen und Quellen geprägt. Es gibt höfische Gerichte aus der Zeit der Osmanen (Überreste davon findet man noch in Istanbul und Umgebung sowie in anderen Großstädten wie Bursa), aber auch schlichte anatolische Bauernkost, die zeigt, wie sehr die Menschen immer noch vom Land und den Jahreszeiten abhängig sind. Diese Küche hat traditionelle Speisen zu bieten, zum Beispiel Joghurt, Käse und haltbar gemachtes Fleisch, die vom einst nomadischen Leben überall in Kleinasien künden. Die Türkei teilt ihre Grenze mit acht Ländern: Griechenland, Bulgarien, Georgien, Armenien, Aserbeidschan, Iran, Irak und Syrien. Und alle haben die türkische Küche beeinflusst. Bis vor Kurzem gab es bedeutende griechische, armenische und jüdische Gemeinden im Land, und deren kulinarisches Vermächtnis ist heute derart mit der türkischen Küche verwoben, dass niemand weiß, wo ein Einfluss endet und ein anderer anfängt.

Die moderne türkische Küche ist nicht gerade homogen. In Tekirdağ, einer Stadt am Marmarameer, wird beispielsweise eine Variante der berühmten Köfte zubereitet, die ihresgleichen sucht. In Edirne an der Grenze zu Bulgarien und Griechenland serviert man ein beliebtes Lebergericht, und die Istanbuler fahren gerne drei Stunden, nur um es zu genießen. Wassermelonen aus Diyarbakır, Tulumkäse aus Erzincan, Rosenwasser aus Isparta, Honig aus Van, Baldoreis aus Tosya, Haselnüsse aus Giresun ... Die Türkei ist eine wahre Speisekammer voller außergewöhnlicher Agrarprodukte und eine Schatzkammer voller regionaler Gerichte, die ebenso vielfältig wie köstlich sind.

Bisher wurde nicht sehr viel über die regionale türkische Küche geschrieben, nicht einmal im Land selbst. Viele Türken ahnen nichts von der kulinarischen Vielfalt vor ihrer eigenen Türschwelle. Aber das ist kein Wunder, weil Spezialitäten wie einige Käsearten und Konserven nur in wenigen, oft abgelegenen Dörfern hergestellt und allenfalls in die nächste größere Stadt exportiert werden. Frische Zutaten, die typisch für eine Region sind – vor allem wild wachsende wie der Frühkohl an der Ägäis – sind anderswo kaum zu finden.

Es gibt jedoch auch Konstanten in der türkischen Küche, wie jeder Besucher weiß. Joghurt, Kebab, Börek, Gözleme, Lahmacun, Pide und Çorba sind überall beliebt. Im Westen, vor allem in Istanbul, sind die unzähligen Meze zu einer Kunstform geworden. Da die Gerichte in den Restaurants recht einheitlich sind und die meisten interessanten Speisen zu Hause oder zu besonderen Gelegenheiten gekocht werden, ist es bisweilen schwierig, etwas Außergewöhnliches zu finden – es sei denn, Sie werden zu einem selbst gekochten Abendessen eingeladen oder essen in einem Restaurant, das sich auf regionale Gerichte spezialisiert hat.

Ich bin kreuz und quer durch die Türkei gereist, und das spiegeln auch die Rezepte in diesem Buch wider. Viele von ihnen habe ich bei Abstechern in Kleinstädte entdeckt, die für ihre kulinarischen Leckerbissen bekannt sind; über andere bin ich zufällig gestolpert. Ich hatte nicht vor, ein Standardwerk über die türkische Küche zu schreiben, sondern habe mich von den gastfreundlichen Menschen inspirieren lassen, die mir freundlicherweise ihre Rezepte überlassen haben.

DERI

213

MEZE

Der Begriff »Meze« geht auf ein persisches Wort zurück, das »angenehmer Geschmack« bedeutet. Gemeint sind verschiedene Speisen, die man meist vor dem Hauptgericht serviert. In der Region Istanbul und in Küstennähe sind das meist Meeresfrüchte, während man am Ufer der Ägäis Käse und wildes Grüngemüse bevorzugt. Meze können ein paar Brocken Feta, einige Oliven und Pastırma sein, aber auch ausgeklügeltere Speisen wie gefüllte frittierte Tintenfische, gefüllter Filoteig oder eingerollte Weinblätter, mit gewürztem Reis gefüllt. Servieren Sie reichlich Meze, und Sie haben eine vollständige Mahlzeit in den Händen. Servieren Sie dazu reichlich Raki bei *Fasıl*-Musik und Sie haben eine Party.

GEWÜRZTE ROTE-LINSEN-KÖFTE

ZUBEREITUNG

Den Bulgur unter fließendem kaltem Wasser waschen, dann gut abtropfen lassen und wegstellen.

Die Linsen und 500 ml Wasser bei mittlerer bis schwacher Hitze in einen Topf geben. Langsam zum Köcheln bringen, zudecken und 15–20 Minuten (oder bis die Linsen butterweich sind) kochen. Vom Herd nehmen und den Bulgur einrühren. Zudecken und 15 Minuten (oder bis die Mischung sehr zäh ist) stehen lassen.

Inzwischen das Olivenöl in einer kleinen Bratpfanne bei mittlerer bis niedriger Temperatur erhitzen. Zwiebeln und Knoblauch dazugeben und unter häufigem Rühren 7–8 Minuten (oder bis sie etwas weich sind) garen. Tomatenmark, Pfefferpaste, Kreuzkümmel und Paprikapulver dazugeben und weitere 2–3 Minuten (oder bis die Mischung duftet) unter Rühren garen. Dann in die Linsenmischung rühren und gut vermengen. Wieder zudecken und abkühlen lassen.

Die abgekühlte Linsenmischung mit Meersalz und Pfeffer würzen. Zitronensaft und Chili einrühren, dann die Mischung mit den Händen gut kneten. Wenn sie zu trocken ist, etwas Öl oder Wasser nachgießen.

Jeweils 1 Esslöffel der Mischung zu Bällchen rollen, dann mit dem Daumen eine tiefe Mulde eindrücken. Die Köfte-Bällchen auf einem Servierteller verteilen und mit Öl beträufeln. Mit Salatblättern, Frühlingszwiebeln und Zitronenspalten servieren. **Ergibt 6 Portionen.**

Anmerkung: Türkische Pfefferpaste ist eine dicke rote Paste aus Chilischoten und Salz, die vor allem zum Aromatisieren verwendet wird. Man bekommt sie in Lebensmittel- und einigen Feinkostgeschäften, die Produkte aus dem Nahen Osten und der Türkei führen.

ZUTATEN

- 125 g feiner Bulgur
- 185 g rote Linsen
- 500 ml Wasser
- 2½ EL natives Olivenöl extra und etwas mehr zum Beträufeln
- 1 große Zwiebel, geschält und fein gehackt
- 2 Knoblauchzehen, sehr fein gehackt
- 1 EL Tomatenmark
- 1½ EL türkische Pfefferpaste (siehe Anmerkung)
- 1½ TL gemahlener Kreuzkümmel
- 1½ TL Paprikapulver
- Meersalz
- frisch gemahlener schwarzer Pfeffer
- 1 EL frisch gepresster Zitronensaft
- 1 große Msp. Chilipulver
- kleine Romanasalat-Blätter als Beilage
- 4 Frühlingszwiebeln, Wurzeln und Stielansatz entfernt, als Beilage
- türkisches Brot oder Fladenbrot (siehe Seite 63) als Beilage
- Zitronenspalten als Beilage

AUBERGINEN-DIP, KAROTTEN-KÜMMEL-DIP, ROTE-BETE-JOGHURT-DIP

ZUTATEN

knuspriges Lavaş oder Fladenbrot (siehe Seite 63) als Beilage

AUBERGINEN-DIP

1,2 kg Auberginen
80 ml natives Olivenöl extra
2 Knoblauchzehen, zerstoßen
2 ½ EL frisch gepresster Zitronensaft (oder nach Geschmack)
250 g Joghurt türkischer Art
Meersalz
frisch gemahlener schwarzer Pfeffer

KAROTTEN-KÜMMEL-DIP

2 ½ EL natives Olivenöl extra
700 g geriebene Karotten
½ TL Kümmelsamen
250 g Joghurt türkischer Art
Meersalz
frisch gemahlener schwarzer Pfeffer

ROTE-BETE-JOGHURT-DIP

650 g Rote Bete, Stielansatz entfernt
2 ½ EL natives Olivenöl extra und etwas Öl zum Bestreichen
2 Knoblauchzehen
250 g Joghurt türkischer Art
Meersalz
frisch gemahlener schwarzer Pfeffer

AUBERGINEN-DIP

Die Auberginen bei schwacher Hitze rund 20 Minuten garen, bis die Haut ganz schwarz und das Innere weich ist. Oft wenden. (Alternative: auf einem stark erhitzten Grill garen.) Dann in eine große Schüssel geben und etwas abkühlen lassen. Sobald sie kühl genug zum Anfassen sind, möglichst viel von der geschwärzten Haut entfernen und das Stielende stutzen. Fruchtfleisch in ein Sieb geben und etwa 20 Minuten abtropfen lassen.

Die Auberginen in eine große Schüssel geben und mit einer Gabel gut zerdrücken. Olivenöl, Knoblauch, Zitronensaft und Joghurt dazugeben und gut verrühren. Mit Meersalz und frisch gemahlenem schwarzem Pfeffer würzen. Bei Zimmertemperatur mit Brot servieren. In einem luftdichten Behälter im Kühlschrank bis zu zwei Tage haltbar. **Ergibt 6 Portionen.**

KAROTTEN-KÜMMEL-DIP

Das Öl in einem Topf bei mittlerer bis schwacher Hitze wärmen. Karotten dazugeben, zudecken und 20 Minuten kochen, bis die Karotten butterweich sind. Häufig umrühren. Dann vom Herd nehmen und auf Zimmertemperatur abkühlen lassen. Kümmel und Joghurt dazugeben, mit Meersalz und frisch gemahlenem schwarzem Pfeffer würzen und gut verrühren. Sofort mit türkischem Brot servieren oder kühl stellen. Der Karotten-Kümmel-Dip hält sich in einem luftdichten Behälter im Kühlschrank bis zu 2 Tage. Vor dem Servieren auf Zimmertemperatur erwärmen und gut umrühren. **Ergibt 6 Portionen.**

ROTE-BETE-JOGHURT-DIP

Das Backrohr auf 180 °C vorheizen. Jede Bete mit etwas Olivenöl bestreichen, dann einzeln in Alufolie verpacken, in eine kleine Bratenform legen und 100 Minuten (oder bis sie weich sind) braten. Aus dem Herd nehmen und auf Zimmertemperatur abkühlen lassen.

Die Rüben in eine große Schüssel reiben oder in 5-mm-Würfel schneiden und gut mit Öl, Knoblauch und Joghurt verrühren. Mit Meersalz und frisch gemahlenem schwarzem Pfeffer würzen. Sofort mit türkischem Brot servieren oder kühl stellen. Der Rote-Bete-Joghurt-Dip hält sich in einem luftdichten Behälter im Kühlschrank bis zu 2 Tage. Vor dem Servieren auf Zimmertemperatur erwärmen und gut umrühren. **Ergibt 6 Portionen.**

Im Grunde ist türkisches Essen unglaublich einfach. Es gibt zwar auch ausgeklügelte Speisen, aber das Besondere sind Gerichte wie dieses. Eine bescheidene Zutat wie Lauch wird so zubereitet, dass sie ihr natürliches Aroma behält.

LAUCH MIT ZITRONE, ROSINEN UND TULUM

ZUBEREITUNG

Das Backrohr auf 180 °C vorheizen. Babylauch: Die zähen äußeren Blätter entfernen und oben 3–4 cm abschneiden. Wurzeln so entfernen, dass das Wurzelende intakt bleibt – sonst fällt der Lauch beim Kochen auseinander. Großer Lauch: Den grünen Teil und lange Wurzeln entfernen und wegwerfen, dann der Länge nach halbieren. In sauberem Wasser einweichen. Achten Sie darauf, alle Erde, die zwischen den Blättern sein könnte, zu entfernen. Einschichtig in eine große Bratenform legen.

Das Öl in einem kleinen Topf bei mittlerer bis schwacher Hitze erwärmen. Knoblauch dazugeben und 2 Minuten (oder bis er duftet) garen. Die Mischung über den Lauch gießen. Mit Zucker, Zitronenschalen und Rosinen bestreuen, dann mit Zitronensaft und Brühe übergießen. Mit frisch gemahlenem schwarzem Pfeffer und zwei Thymianzweigen würzen. Die Form gut mit Folie abdecken und den Babylauch etwa 25 Minuten, den großen Lauch 50 Minuten backen, bis er weich ist. Aus dem Rohr nehmen, abtropfen lassen und beiseitestellen. Backflüssigkeit aufheben und die Thymianzweige entfernen.

Die Backflüssigkeit in eine Schüssel gießen und bei großer Hitze zum Kochen bringen. 10 Minuten kochen (oder bis die Flüssigkeit dick wird), dann über den Lauch gießen. Mit Meersalz würzen und abkühlen lassen. Dann auf einen Servierteller geben, mit dem geriebenen Tulum bestreuen und servieren. **Ergibt 4 Portionen.**

Anmerkung: Tulum ist ein krümeliger weißer Schafskäse, der traditionell in einem »Beutel« aus Tierhaut gelagert wird. Er hat ein kräftiges Aroma und ist angenehm scharf. Man bekommt ihn in Geschäften, die Lebensmittel aus dem Nahen Osten oder der Türkei führen. Feta ist ein guter Ersatz.

ZUTATEN

- 750 g Babylauch oder 4 große Lauchstangen
- 125 ml natives Olivenöl extra
- 2 Knoblauchzehen, in dünne Scheiben geschnitten
- 2½ TL Kristallzucker
- 1 fein geriebene unbehandelte Zitronenschale
- 35 g Rosinen
- 50 ml frisch gepresster Zitronensaft
- 375 ml Hühnerbrühe
- frisch gemahlener schwarzer Pfeffer
- Meersalz
- 2 Thymianzweige
- 125 g Tulum (siehe Anmerkung), gerieben

Die Wurzeln dieses Meze-Klassikers liegen in der georgischen Küche (in der Walnüsse eine große Rolle spielen). In der Türkei wird er vor dem Servieren mit Soße übergossen. Hier habe ich allerdings ein wenig Grünzeug hinzugefügt, um ihn leichter zu machen. Verwenden Sie möglichst frische Walnüsse. Dieses Gericht schmeckt am nächsten Tag noch besser. Lassen Sie es vor dem Servieren auf Zimmertemperatur abkühlen.

HUHN-WALNUSS-SALAT

ZUTATEN

1 ganzes Huhn aus Freilandhaltung (ca. 1½ kg)
1 Karotte
1 Zwiebel
2 Selleriestangen
1 frisches Lorbeerblatt
1 TL ganze Pimentbeeren
1 Zimtstange
125 g altes Bauernbrot vom Vortag ohne Kruste
3 Knoblauchzehen, gehackt
200 g Walnusshälften
125 ml Olivenöl
2½ TL Rotweinessig (oder nach Geschmack)
125 g Vollei-Mayonnaise
1 TL getrocknete Chiliflocken (oder auch ein wenig mehr)
2½ TL süßes Paprikapulver
Meersalz
frisch gemahlener schwarzer Pfeffer
3 Frühlingszwiebeln, Stielansatz entfernt, in lange Streifen geschnitten
120 g Brunnenkressezweige

ZUBEREITUNG

Das Huhn mit der Karotte, der Zwiebel, dem Sellerie, dem Lorbeerblatt, dem Piment und der Zimtstange in eine große Schüssel geben und Wasser eingießen, bis es bedeckt ist. Zudecken und bei mittlerer bis schwacher Hitze 45 Minuten leicht sieden lassen. Nicht kochen, sonst wird das Huhn zäh. Wenn es weich ist, herausnehmen und auf Zimmertemperatur kühlen. Kochflüssigkeit abseihen, feste Teile wegwerfen. Fett von der Oberfläche abschöpfen und aufheben. Fleisch von den Knochen trennen, Haut und Knochen wegwerfen. Das Fleisch in große Stücke brechen und beiseitestellen.

Das Brot 1–2 Minuten in Wasser einweichen, dann mit den Händen möglichst viel Wasser auspressen. In einer Küchenmaschine mit Knoblauch, Walnüssen, Öl und Essig vermengen, bis eine grobe Paste entsteht. Mayonnaise, Chiliflocken, Paprika und 125 ml Kochflüssigkeit dazugeben und weitermischen, bis die Paste dick, sämig und sahnig ist. Bei Bedarf etwas Kochflüssigkeit nachgießen. Nach Geschmack mit Meersalz, frisch gemahlenem schwarzem Pfeffer und etwas mehr Essig würzen.

Die Frühlingszwiebeln in eine Schale mit Eiswasser legen und 3–4 Minuten (oder bis sie leicht gekringelt sind) stehen lassen, dann gut abtropfen lassen. Mit der Brunnenkresse in eine Schüssel geben und auf die Servierteller verteilen. Das Huhn in einer Schüssel dünn mit der Walnusssoße bestreichen. Auf die Brunnenkresse legen und nach Geschmack mit zusätzlichen Chiliflocken bestreuen. Sofort mit der übrig gebliebenen Soße als Beilage servieren. **Ergibt 4–6 Portionen.**

DİKKAT!
SATICI ve DİLENCİ
GİREMEZ
EMİNÖNÜ
YENİCAMİİ
1597 – 1663
NEW MOSQUE

EIN MORGEN IN ISTANBUL

Es ist schwierig, meine kulinarischen Erlebnisse in einer so vielfältigen Stadt wie Istanbul knapp zu beschreiben; aber wenn ich nur einen einzigen Morgen dort verbringen würde (ich war viele Male dort), sähe dieser Vormittag wahrscheinlich so aus:

Ich frühstücke in dem schlichten Restaurant in der Nähe des Hippodroms auf dem Sultanahmet-Platz, das ich immer besuche. Es ist nichts Besonderes, im Grunde nur eine Arbeiterkantine; aber ich mag die Poğaça. Anschließend gehe ich die Gleise entlang und am alten Bahnhof vorbei. Auf dem Lebensmittelmarkt bei der herrlichen Yeni Cami (der »neuen Moschee«) bauen die Verkäufer zeitig ihre Stände auf und bieten Gewürze, Käse, Weinblätter mit Essiggurken, Nüsse, Pastirma und Sujuk an. Dort gibt es unendlich viel zu schnuppern und zu schmecken. Ich probiere Tulum aus Erzurum, immer noch in seiner Ziegenhaut, Minci, einen salzigen Käse aus Trabzon, das feinste Pastirma aus Kayseri und süße Marmelade aus Kastamonu, das für seine wilden Erdbeeren berühmt ist. Selbst mit einem Frühstück im Magen kann ich nicht Nein sagen.

Dann wage ich mich in das Gassengewirr hinter dem Gewürzbasar und zwischen die Kupfer-, Süßwaren- und Stoffläden. Dort bieten Männer mit Karren Gurken oder Simit feil. Ich überquere die Galata-Brücke und schlendere die Istiklal Caddesı entlang, wo es von Mavi-Jeans-Boutiquen, Buchläden, Bars und Cafés wimmelt. Natürlich steht auch ein kurzer Abstecher in die Konditorei Karaköy Güllüoğlu auf dem Programm, die sich rühmt, »die besten Baklava in Istanbul« zu backen. Das würde ich nie bestreiten, denn diese Leute kommen aus Gaziantep und wissen alles über Baklava. Gesättigt mit ihren sirupbeladenen Quadraten, gehe ich dann in den Stadtteil Cihangir, wo alte Wohnhäuser im europäischen Stil und Antiquitätenläden die engen Gassen säumen. Hier verfliegen die Stunden so schnell, dass es sich nicht lohnt, auf die Zeit zu achten.

Wenn mein Magen mich drängt weiterzugehen, schaue ich im Antiocha vorbei, einem Restaurant, das ein Freund führt, der aus Antakya im Süden nahe der syrischen Grenze stammt, wo das Essen legendär gut ist. Die Speisekarte ist kurz, aber gut zusammengestellt. Man bekommt in Kleinbetrieben gepresstes Olivenöl, Käse und Oliven aus Antakya, selbst gemachten Joghurt und das beste Rindfleisch, das man für Geld kaufen kann. Der Schaschlik ist saftig und pikant wie kaum ein anderer, und die herrlich gewürzten Meze (z. B. *kekik salatası*, eine würzsaucenähnliche Mixtur aus Oliven, Thymian und Olivenöl) sind wahre Geschmacksexplosionen.

Aber ich befinde mich ja in Istanbul, und darum brauche ich mehr als einen Morgen, um die Stadt auszukosten.

TINTENFISCH MIT KARTOFFELN, OLIVEN UND ORANGEN-PAPRIKA-VINAIGRETTE

ZUTATEN

1 ½ kg Tintenfisch, gesäubert
4 Oreganozweige
1 frisches Lorbeerblatt
2 Knoblauchzehen, zerstoßen
1 ½ TL ganze Pimentbeeren
250 ml Wasser
1 Zitrone, quer halbiert
600 g festkochende Kartoffeln
115 g kleine schwarze Oliven
Meersalz
frisch gemahlener schwarzer Pfeffer
½ Tasse Korianderzweige zum Servieren

ORANGEN-PAPRIKA-VINAIGRETTE

1 Orange (unbehandelt), Schale in großen Streifen entfernt, ohne den weißen »Pelz«, sehr fein gestiftelt
500 ml frisch gepresster Orangensaft
2 EL frisch gepresster Zitronensaft
1 ½ TL süßes Paprikapulver
2 TL Dijonsenf
2 TL Zucker
125 ml natives Olivenöl extra
Meersalz
frisch gemahlener schwarzer Pfeffer

ZUBEREITUNG

Für die Vinaigrette die fein gestiftelte Orangenschale und den Orangensaft in einem kleinen Topf vermengen und zum Kochen bringen. Dann die Hitze auf mittel bis schwach reduzieren und etwa 30 Minuten (oder bis nur noch die Hälfte der Flüssigkeit vorhanden ist) sieden lassen. Vom Herd nehmen und abkühlen lassen. Dann Zitronensaft, Paprikapulver, Senf und Zucker in die Mischung rühren. Das Olivenöl langsam und stetig in den Topf gießen, dabei ständig umrühren. Nach Belieben mit Meersalz und frisch gemahlenem schwarzem Pfeffer würzen und den Topf beiseitestellen.

Den Tintenfisch zusammen mit Oregano, Lorbeerblatt, Knoblauch, Piment und 250 ml Wasser in einen Topf geben. Die Zitrone auspressen, den Saft abseihen und die Schale aufheben. Den Saft und die Schale in den Topf geben, alles gut zudecken und bei mittlerer bis schwacher Hitze 1 ½ Stunden kochen (oder bis der Tintenfisch butterweich ist und alle großen Saugnäpfe leicht abgehen). Dann abseihen und Zitronenschale, Kräuter und Piment wegwerfen. Abkühlen lassen. Die großen Saugnäpfe und die feste Haut des Tintenfisches abziehen sowie die Tentakel vom Leib entfernen (sie brechen leicht). Den Leib in 1 cm lange Stücke und die Tentakel in Stücke schneiden und beiseitestellen.

In der Zwischenzeit die Kartoffeln 7–8 Minuten (oder bis sie etwas weich sind) in kochendem Salzwasser garen. Gut abtropfen lassen, schälen, auf Zimmertemperatur kühlen, dann in 1 cm dicke Scheiben schneiden. In einer Schüssel mit dem Tintenfisch und den Oliven vermengen und mit Meersalz und frisch gemahlenem schwarzem Pfeffer würzen. Mit der Vinaigrette beträufeln und gut vermengen, dann in Schalen verteilen oder auf einem großen Servierteller anhäufen. Den Koriander darüberstreuen und sofort servieren. **Ergibt 6 Portionen.**

DICKE-BOHNEN-PÜREE MIT EIERSALAT

ZUTATEN

geröstetes türkisches Brot als Beilage

DICKE-BOHNEN-PÜREE

220 g ganze, getrocknete dicke Bohnen
1 braune Zwiebel, fein gehackt
1 Kartoffel (vorwiegend festkochend), geschält und gestückelt
280 g enthülste und geschälte frische oder tiefgefrorene dicke Bohnen
3 TL Zucker
2 EL natives Olivenöl extra und zusätzliches Öl zum Servieren
Meersalz
frisch gemahlener schwarzer Pfeffer

EIERSALAT

2½ EL frisch gepresster Zitronensaft (oder nach Geschmack)
1 TL fein geriebene unbehandelte Zitronenschale
100 ml natives Olivenöl extra
4 hart gekochte Eier, geschält und grob gehackt
50 g sonnengetrocknete Tomaten, in dicke Streifen geschnitten
2 EL gehackter Dill
60 g Brunnenkressezweige

ZUBEREITUNG

Für das Püree die getrockneten dicken Bohnen in eine Schüssel geben, mit kaltem Wasser bedecken und über Nacht einweichen. Gut abtropfen lassen, dann die Haut entfernen und wegwerfen. Dicke Bohnen, Zwiebel und Kartoffel bei mittlerer Hitze in einen Topf geben, Wasser hineingießen, bis die Zutaten knapp bedeckt sind, und langsam zum Sieden bringen. Hitze reduzieren und 40 Minuten kochen. Bei Bedarf etwas Wasser nachgießen (nicht zu viel, sonst wird das Püree nicht fest genug). Die frischen oder tiefgekühlten Bohnen einrühren und weitere 15 Minuten (oder bis sie weich sind) kochen. Dann vom Herd nehmen und ein wenig abkühlen lassen.

Die Bohnenmischung in eine Küchenmaschine geben. Zucker und Olivenöl dazugeben und daraus ein sämiges Püree mixen. Mit Meersalz und frisch gemahlenem schwarzem Pfeffer würzen. In eine gut mit Öl bestrichene Ein-Liter-Terrine oder Brotbackform geben und die Oberfläche mit dem Rücken eines Löffels glätten. Auf Zimmertemperatur abkühlen lassen, dann abdecken und 2–3 Stunden oder über Nacht in den Kühlschrank stellen.

Für den Eiersalat: Zitronensaft, Zitronenschale und Olivenöl in einer Schüssel gut vermengen. Die Eier, die getrockneten Tomaten, den Dill und die Brunnenkresse dazugeben und gut vermengen. Das Ei sollte nicht zu sehr zerkleinert oder gar zerdrückt werden.

Das Püree auf einen Servierteller geben und den Eiersalat mit einem Löffel darauf verteilen. Mit Olivenöl beträufeln und mit türkischem Brot als Beilage servieren. **Ergibt 6 Portionen.**

Anmerkung für Seite 25: Granatapfelsirup wird in der südlichen Türkei zum Kochen verwendet. Dort ist der nahöstliche Einfluss stark. Er wird aus eingekochtem Granatapfelsaft gemacht und hat einen wundervollen, einzigartigen, süßsauren Geschmack. Man bekommt ihn in den meisten großen Supermärkten.

MUHAMARA MIT GEFÜLLTEM FLADENBROT

ZUBEREITUNG

Für die Muhamara die Paprikaschoten bei schwacher Hitze etwa 10–15 Minuten garen, bis die Haut ganz schwarz ist. Oft wenden. (Alternative: Die Schoten auf einem heißen Grill rösten.) In eine Schüssel schütten, mit einem Geschirrtuch abdecken und abkühlen lassen, bis man sie in die Hand nehmen kann. Schwarze Haut und Samen entfernen, aber nicht mit Wasser abspülen – darunter leidet der Geschmack. Die Schoten in Stücke reißen und in der Küchenmaschine mit den restlichen Zutaten zerkleinern, bis eine grobe Paste entsteht. Mit Meersalz und frisch gemahlenem schwarzem Pfeffer würzen, dann in eine Schüssel geben, mit Plastikfolie abdecken und mindestens 8 Stunden in den Kühlschrank stellen, damit die Aromen sich entfalten können. Muhamara hält in einem luftdichten Behälter im Kühlschrank 4–5 Tage.

Für das Fladenbrot den Zucker und 150 ml lauwarmes Wasser in einer kleinen Schüssel verrühren und dann über die Hefe sprenkeln. Etwa 8 Minuten (oder bis das Wasser schäumt) beiseitestellen, dann weitere 80 ml lauwarmes Wasser und das Olivenöl dazugeben.

Die Mehle und das Salz in einer Schüssel vermengen, den Hefeansatz dazugeben und umrühren, bis ein grober Teig entsteht. Diesen Teig 7–8 Minuten (oder bis der Teig sämig und elastisch ist) auf einem leicht bemehlten Brett kneten. Mit Frischhaltefolie abdecken und eine Stunde (oder bis das Teigvolumen sich verdoppelt hat) an einen warmen Platz ohne Zugluft stellen.

In der Zwischenzeit den Feta, die Oliven und den Oregano in einer Schüssel vermengen – so entsteht die Füllung.

Den Teig auf einer leicht bemehlten Fläche flach klopfen und mit einem großen Messer in 12 gleich große Stücke schneiden. Jedes Stück einzeln mit einer Teigrolle zu einem Kreis mit 14 cm Durchmesser ausrollen. Die Füllung auf den Kreisen verteilen und die Kanten so hochklappen, dass eine Kugel entsteht. Jede Kugel auf eine bemehlte Fläche legen (Falzseite unten) und mit der Teigrolle behutsam ausrollen, so dass Kreise mit 10–12 cm Durchmesser entstehen.

Eine schwere Pfanne bei schwacher Hitze wärmen und den Boden mit etwas zusätzlichem Olivenöl bestreichen. Jeweils 1–2 Fladenbrote in die Pfanne geben und jede Seite 3–4 Minuten backen (oder bis sie goldbraun und durchgebacken sind).

Die Muhamara mit dem zusätzlichen Olivenöl besprenkeln, mit Pistazien bestreuen und bei Zimmertemperatur mit dem warmen Fladenbrot servieren. **Ergibt 6–8 Portionen.**

MUHAMARA

1 kg rote Paprikaschoten
75 g Bauernbrot (einen Tag alt), in kleine Stücke geschnitten
1 Knoblauchzehe, gehackt
125 g Walnusshälften, grob gehackt
1 große Msp. getrocknete Chiliflocken
1 EL Tomatenmark
2 TL frisch gepresster Zitronensaft
2 EL Granatapfelsirup (siehe Anmerkung S. 24 unten)
1 ½ TL Kristallzucker
1 TL gemahlener Kreuzkümmel
Meersalz
frisch gemahlener schwarzer Pfeffer
2 EL Olivenöl und etwas zusätzliches Öl zum Servieren
gehackte Pistazien zum Servieren

GEFÜLLTES FLADENBROT

1 TL Zucker
150 ml lauwarmes Wasser
1 ½ TL Trockenhefe
1 ½ EL Olivenöl und etwas zusätzliches Öl zum Braten
300 g Mehl, gesiebt
150 g Mehl aus Vollkornweizen, gesiebt
1 TL Salz
150 g geriebener Feta-Käse
175 g entsteinte grüne Oliven, gehackt
¼ Tasse Oreganoblätter

بسم الله الرحمن

ALBANISCHE LEBER MIT ZWIEBEL-PAPRIKA-SOSSE

ZUBEREITUNG

Für die Soße das Olivenöl in einer großen, schweren Pfanne bei mittlerer Hitze erwärmen. Die Zwiebeln dazugeben und unter häufigem Umrühren 12–15 Minuten dünsten, bis sie sehr weich sind. Dann Rosinen und Paprika dazugeben und 1–2 Minuten dünsten. Gut umrühren. Zucker, Essig und Brühe dazugeben und zum Sieden bringen; dann 20 Minuten bei schwacher Hitze garen, bis die Zwiebeln butterweich sind und die Flüssigkeit dicker geworden ist. Mit Meersalz und frisch gemahlenem schwarzem Pfeffer würzen.

Die Leber in 1 cm dicke Streifen schneiden. Mehl, Paprikapulver und Chilipulver in einer Schüssel vermengen. Die Leber dazugeben und umrühren, bis sie überzogen ist. Die Hälfte des Öls in einer großen, schweren Bratpfanne bei mittlerer bis hoher Temperatur erhitzen. Die Hälfte der Leber dazugeben und 3–4 Minuten kochen (oder bis sie goldbraun und durchgegart, aber in der Mitte noch etwas rosa ist). Einmal wenden. Auf einem mit Backpapier ausgelegten Teller warm halten. Mit dem restlichen Öl und der restlichen Leber ebenso verfahren. Sofort mit der Soße als Beilage servieren. **Ergibt 6 Portionen.**

ZUTATEN

750 g Lamm- oder Kalbsleber (Fett wegschneiden und dünne Haut entfernen)
75 g Mehl
2 TL süßes Paprikapulver
1 TL Chilipulver (oder nach Geschmack)
80 ml natives Olivenöl extra

ZWIEBEL-PAPRIKA-SOSSE

60 ml natives Olivenöl extra
800 g Zwiebeln, geschält und in dünne Scheiben geschnitten
35 g Rosinen
2 TL süße Paprika
1 EL Kristallzucker
60 ml Apfelessig
310 ml Hühnerbrühe

WARMER KÜRBIS-HUMMUS

ZUBEREITUNG

Die abgetropften Kichererbsen in einen Topf geben und mit frischem Wasser knapp bedecken. Eine Stunde (oder bis sie butterweich sind) sieden lassen. Gut abtropfen und leicht abkühlen lassen. Die Kichererbsen mit den Händen kräftig abreiben, um so viele Häute wie möglich zu entfernen (das mag schwierig sein, aber es verbessert die Konsistenz des Hummus erheblich).

In der Zwischenzeit das Öl in einem Topf bei mittlerer Temperatur erhitzen. Den Kürbis dazugeben, zudecken und 20–25 Minuten dünsten, bis er butterweich ist. Gelegentlich umrühren. Den heißen Kürbis und die Kochflüssigkeit in einer Küchenmaschine mit den Kichererbsen, Knoblauch, Zitronensaft und Tahin vermengen, bis der Brei sämig ist. Mit Meersalz, frisch gemahlenem schwarzem Pfeffer und, wenn gewünscht, mit Chiliflocken würzen und sofort servieren. **Ergibt 6 Portionen.**

ZUTATEN

275 g getrocknete Kichererbsen, über Nacht eingeweicht und abgetropft
60 ml natives Olivenöl extra
600 g Butternusskürbis, geschält, entkernt und gehackt
2 Knoblauchzehen, zerstoßen
60 ml frisch gepresster Zitronensaft
2½ EL Tahin (Paste aus Sesamkörnern)
Meersalz
frisch gemahlener schwarzer Pfeffer
getrocknete Chiliflocken nach Belieben (optional)

FRÜHSTÜCK IN VAN

Als ich zum ersten Mal fröhlich das Van Kahvaltı Evi (Frühstückshaus Van) im schicken Istanbuler Stadtteil Cihangir verließ, das die viel gerühmten Frühstücksgerichte aus Van serviert, beschloss ich, diese entlegene Stadt an der iranischen Grenze so bald wie möglich zu besuchen. Ich fuhr mit dem Bus von Doğubeyazıt nach Norden, am Ufer des großen, azurblauen Van-Sees entlang, der in Blautönen funkelte, die ich nicht zu benennen vermag. Am Ufer gab es eine spektakuläre Wildblumenshow (es war Frühling), im Süden herrliche Berge mit Schneehauben und neben der Straße zeltende Wanderimker. Die Schnellstraße wurde wegen der Schafherden oft zur Kriechspur. Auf den ersten Blick sieht die Stadt nichtssagend und nüchtern aus; doch je länger ich blieb (und je öfter ich zurückkehrte), desto besser gefiel sie mir. Die Atmosphäre ist freundlich und entspannt. Ich fühle mich in Van immer wohl; aber was mich ewig lockt, ist zweifellos das Frühstück.

Es wird in Van so ernst genommen, dass die Einwohner sogar eine Kahvaltı Caddesi (Frühstücksstraße) danach benannt haben. Die Fenster der Lokale sind meist gespickt mit Kübeln voller glitzernder Oliven, zähflüssigem Wabenhonig, elegant gefaltetem *Kaymak* (geronnene Sahne, die in dieser Region aus Schafsmilch bereitet wird), Bergen von Butter und einigen interessanten Käsesorten, darunter der berühmte *Otlu Peynir* (»Graskäse«), der seinen Namen den gehackten wilden Bergkräutern verdankt, die dem pikanten Quark beigemischt werden. Die Einwohner essen gerne »von allem etwas« und dazu gekochte Eier, Tomatenschnitze, Gurkenscheiben und eine Menge *Ekmek*, ein knuspriges, festes Brot aus der nahe gelegenen Bäckerei. Hungrigere Seelen bestellen *Murtuğa*, Rührei mit Butter und Mehl, oder *Kavut*, eine lokale Spezialität aus geröstetem grobem Vollkornmehl, das mit Butter, Milch und Zucker zu einem dicken Brei gekocht wird. Ich habe gelernt, mich mit einigen wenigen köstlichen Grundbestandteilen zu begnügen. Darum besteht mein Frühstück aus festem Brot, *Kaymak* und Honig.

Kahvaltı, das türkische Wort für Frühstück, bedeutet »vor dem Kaffee«. Deshalb wird morgens auch starker süßer Tee in tulpenförmigen Gläsern gereicht. Ein zu lauter Fernseher verkündet den Fans die neusten Siege von Galatasaray, Beştiktaş oder Fernerbahçe. In diesem fußballverrückten Land interessiert das alle – außer mich. Sogar beim Frühstück.

Dies ist, genau genommen, eher ein Frühstück als ein Meze; aber Sie können es durchaus als Meze servieren, wenn Sie die Eier weglassen. Wenn Sie kein Sucuk bekommen – eine herrlich würzige, trockene Wurst –, können Sie stattdessen eine nicht zu scharfe Merguez oder Chorizo verwenden.

WÜRZIGE LINSEN, MIT EIERN UND SUCUK GEBACKEN

ZUBEREITUNG

Die Linsen in einen Topf schütten und knapp mit kaltem Wasser bedecken. Zum Sieden bringen und 10 Minuten garen (bis sie halb gar sind). Gut abtropfen lassen und beiseitestellen.

Die Hälfte des Olivenöls in einem Topf bei mittlerer Temperatur erhitzen. Zwiebel, Karotte, Sellerie, Knoblauch, Lorbeerblätter und Zimt dazugeben und 6–7 Minuten garen (oder bis die Zwiebel etwas weich ist). Paprika, Chili und Tomatenmark dazugeben und unter Umrühren 1–2 Minuten (oder bis die Mischung duftet) garen. Tomaten, Brühe und halb gare Linsen dazugeben und gut verrühren. Zum Sieden bringen, zudecken, Hitze auf schwach reduzieren und 20 Minuten (oder bis die Linsen weich sind) kochen. Nach Geschmack mit Meersalz und frisch gemahlenem schwarzem Pfeffer würzen. Zimtstange und Lorbeerblätter wegwerfen.

Das Backrohr auf 180 °C vorheizen. Die Linsenmischung auf vier backofenfeste Formen (je 625 ml) verteilen. In jede Backform zwei Eier über die Linsenmischung schlagen und 15–20 Minuten (oder bis die Eier fest sind) backen.

In der Zwischenzeit das restliche Öl bei mittlerer Temperatur in einer großen Bratpfanne erhitzen. Sucuk-Scheiben in die Pfanne geben und auf beiden Seiten je 3–4 Minuten (oder bis die Scheiben goldbraun sind) garen. Auf die Teller verteilen und sofort servieren. **Ergibt 4 Portionen.**

Anmerkung: Rote persische Linsen sind klein und schmecken nussartig. Wie französische Linsen behalten sie beim Kochen ihre Form. Man bekommt sie in Fachgeschäften. Als Ersatz eignen sich normale braune Linsen.

ZUTATEN

225 g rote persische Linsen (siehe Anmerkung) oder braune Linsen
80 ml natives Olivenöl extra
1 große Zwiebel, fein gehackt
1 Karotte, geschält und fein gehackt
1 Selleriestange, fein gehackt
3 Knoblauchzehen, fein gehackt
2 frische Lorbeerblätter
1 Zimtstange
2 TL süßes Paprikapulver
1 TL getrocknete Chiliflocken (oder nach Geschmack)
2 EL Tomatenmark
800 g gehackte Tomaten aus der Dose
500 ml Hühnerbrühe
Meersalz
frisch gemahlener schwarzer Pfeffer
8 Eier
600 g Sucuk (türkische Wurst), in 1 cm dicke Scheiben geschnitten

KOHL, GARNELEN UND REIS-DOLMA

ZUTATEN

1 Weißkohl
100 g weißer Langkornreis
800 g rohe Riesengarnelen, geschält, entdarmt und gehackt
500 g Garnelenfleisch, fein gehackt
1 Zwiebel, sehr fein gehackt
2 Knoblauchzehen, fein gehackt
2 EL Tomatenmark
60 g kleine Kapern, abgetropft
1 TL Paprikapulver
2½ EL gehackte glatte Petersilie
2½ EL gehackter Dill
Meersalz
frisch gemahlener schwarzer Pfeffer
500 ml Hühnerbrühe
zusätzliches Olivenöl zum Servieren
gehackter Dill und Zitronenspalten zum Servieren

ZUBEREITUNG

Die zähen äußersten Kohlblätter entfernen. Die großen darunter folgenden Blätter behutsam abbrechen und entlang der mittleren Ader in Hälften schneiden. Sie brauchen etwa 12 Blätter. Einen großen Topf mit ungesalzenem Wasser zum Kochen bringen und die Blätter büschelweise jeweils 3 Minuten (oder bis sie etwas weich sind) blanchieren. Gut abtropfen lassen und zum Abkühlen beiseitestellen. Mit Küchenpapier abtupfen, um überschüssiges Wasser zu entfernen.

Den Reis 10 Minuten in einer Schüssel mit kaltem Wasser einweichen, dann gut abtropfen lassen. In einer Schüssel mit Garnelenfleisch, Zwiebel, Knoblauch, Tomatenmark, Kapern, Paprikapulver, Petersilie und Dill vermengen. Mit Meersalz und frisch gemahlenem schwarzem Pfeffer würzen, dann mit den Händen gut vermengen.

Jedes halbe Kohlblatt in zwei Hälften schneiden. Die Blätter einzeln so auf den Tisch legen, dass eine lange Seite zu Ihnen zeigt. Einen gehäuften Esslöffel der Reismischung entlang der Kante verteilen (einen kleinen Rand lassen), dann die kürzeren Seiten nach innen klappen und zu einem etwa 4 cm langen Finger rollen. Nicht zu eng rollen, weil die Dolmas etwas Platz zum Ausdehnen brauchen. Es kann sein, dass Sie nicht alle Kohlblätter brauchen.

Mit den restlichen Blättern einen Topf auslegen, in dem Sie die Dolmas einschichtig – mit der Falzseite nach unten – verteilen können. Vorsichtig die Brühe darübergießen. Einen Teller auf die Dolmas legen, um sie ein wenig einzudrücken, dann den Topf mit dem Deckel zudecken. Bei mittlerer Hitze zum Sieden bringen, dann die Hitze auf schwach reduzieren und eine Stunde kochen. Den Topf vom Herd nehmen und die Dolmas etwas abkühlen lassen. Sobald man sie anfassen kann, aus dem Topf nehmen und auf Zimmertemperatur abkühlen. Olivenöl darübersprenkeln, mit Dill bestreuen und die Zitronenspalten an die Seite legen. **Ergibt etwa 30 Portionen.**

Ich möchte nicht behaupten, dass ich in der Türkei grüne Tomaten und Sellerie gegessen habe, die so zubereitet wurden. Aber die pikanten Aromen bilden einen perfekten Kontrast zu dem gebratenen Käse, den ich an der Ägäisküste genossen habe. In dieser Region ist die Küche vom benachbarten Griechenland beeinflusst – obwohl alle Türken behaupten, sie hätten den Griechen das Kochen beigebracht.

GEBRATENER HALLOUMI MIT WÜRZSAUCE AUS GRÜNEN TOMATEN UND SELLERIE

ZUBEREITUNG

Für die Würzsauce das Olivenöl in einem Topf bei mittlerer Temperatur erhitzen. Zwiebeln und Knoblauch dazugeben und 5 Minuten (oder bis sie weich sind) garen. Tomaten, Sellerie, Kapern und Zimt dazugeben, zudecken und 5 Minuten garen – gelegentlich umrühren –, bis die Tomaten ein wenig weich sind und etwas Saft abgesondert haben. Honig, Essig und Piment dazugeben, wieder zum Sieden bringen und ohne Deckel 10 Minuten garen. Vom Herd nehmen, auf Zimmertemperatur abkühlen lassen, dann mit Meersalz und frisch gemahlenem schwarzem Pfeffer würzen. Die Zimtstange entfernen und die Sauce bis zum Servieren beiseitestellen.

Kurz vor dem Servieren den Halloumi zubereiten. Das Öl in einer großen Bratpfanne bei mittlerer Temperatur erhitzen. Den Halloumi leicht mit dem gewürzten Mehl bestäuben; überschüssiges Mehl abschütteln. Einschichtig in der Pfanne verteilen und (wenn nötig portionsweise) auf jeder Seite 3 Minuten braten (oder bis der Käse goldbraun ist). Mit den Zitronenspalten auf die vorgewärmten Teller oder auf dem Servierteller verteilen. Den Dill in die Sauce streuen und diese mit dem Halloumi servieren. **Ergibt 6 Portionen.**

ZUTATEN

600 g Halloumi, in 12 Scheiben à 1 cm Dicke geschnitten
60 ml natives Olivenöl extra
gewürztes Mehl* zum Bestäuben
Zitronenspalten als Beilage

SAUCE AUS GRÜNEN TOMATEN UND SELLERIE

2½ EL natives Olivenöl extra
2 Zwiebeln, sehr fein gehackt
3 Knoblauchzehen, in dünne Scheiben geschnitten
600 g grüne Tomaten, in 1 cm dicke Stücke geschnitten
2 Selleriestangen, diagonal in 5 mm dicke Scheiben geschnitten
35 g Kapern, abgetropft
1 Zimtstange
1½ EL Honig
2 EL Weißweinessig
1 TL gemahlener Piment
Meersalz
frisch gemahlener schwarzer Pfeffer
2½ EL gehackter Dill

* nach Belieben Mehl mit Gewürzen vermengen, etwa Pfeffer, Chili oder Kräuter

FISCH, IN ESSIG MARINIERT, TOMATEN, OREGANO UND PIMENT

ZUTATEN

1 ¼ kg Hornhecht, ohne Haut und Knochen, gesäubert und trocken getupft
Mehl zum Bestäuben
Olivenöl zum Braten
250 ml Rotweinessig
250 g Tomatenpüree
500 ml natives Olivenöl extra
60 ml Honig
4 getrocknete Oreganozweige
6 Knoblauchzehen, zerstoßen
1 TL gemahlener Piment
Meersalz
frisch gemahlener schwarzer Pfeffer

ZUBEREITUNG

Den Fisch leicht mit Mehl bestäuben, überschüssiges Mehl abschütteln. Etwas Olivenöl in einer großen, schweren Bratpfanne bei mittlerer Temperatur erhitzen. Den Fisch in Teilstücken auf jeder Seite 2–3 Minuten garen. Auf ein Tablett legen, während der restliche Fisch gart. Wenn nötig, Öl in die Pfanne nachgießen.

Essig, Tomatenpüree, Olivenöl, Honig, Oregano, Knoblauch und Piment in einem Topf vermengen und zum Sieden bringen. Die Hitze auf schwach reduzieren und 2–3 Minuten garen, vom Herd nehmen und leicht abkühlen lassen.

Den Fisch auf einem großen Keramikteller verteilen, gut mit Meersalz und frisch gemahlenem schwarzem Pfeffer würzen und die Essigmischung darübergießen. Auf Zimmertemperatur abkühlen lassen, mit Plastikfolie bedecken und über Nacht in den Kühlschrank stellen. Vor dem Servieren auf Zimmertemperatur erwärmen. **Ergibt 6–8 Portionen.**

THUNFISCH IN OLIVENÖL

ZUTATEN

800 g Thunfischsteaks (blutige Teile abschneiden)
2 TL Koriandersamen
1 ½ TL Kümmelsamen
1 EL Puderzucker
1 EL Salz
1 unbehandelte Zitrone
1 TL frisch gemahlener schwarzer Pfeffer
375 ml natives Olivenöl extra

ZUBEREITUNG

Die Thunfischsteaks mit einem scharfen Messer leicht diagonal in etwa 4 cm breite Stücke schneiden. Koriander und Kümmel in einer trockenen, kleinen, schweren Bratpfanne 2–3 Minuten (oder bis die Gewürze duften) bei mittlerer bis schwacher Hitze rösten. Die Pfanne gelegentlich schütteln. Die Gewürze dann mit Mörser und Stößel oder in einer elektrischen Mühle grob mahlen.

Boden und Seiten eines 26 x 15 cm großen Keramik- oder Glastellers gut einölen. Den Fisch einschichtig so verteilen, dass die Stücke sich leicht überlappen. Mit Gewürzen, Zucker und Salz bestreuen. Mit Plastikfolie abdecken und bei Zimmertemperatur 30 Minuten stehen lassen.

In der Zwischenzeit das Backrohr auf 120 °C vorwärmen. Die Zitrone fein raspeln und die Schale über den Fisch streuen. Den Zitronensaft ausdrücken, abseihen und über das Öl träufeln (der Fisch sollte knapp bedeckt sein). Das Gericht dicht mit Folie bedecken und 30 Minuten (oder bis der Fisch eben gar ist) backen. Aus dem Rohr nehmen und im Öl abkühlen lassen. Bei Zimmertemperatur servieren. Im Öl und zugedeckt hält der Fisch im Kühlschrank bis zu 5 Tage. **Ergibt 6–8 Portionen.**

GALERİ
ÇETİN
HER TÜRLÜ BAY - BAYAN
VE ÇOCUK AYAKKABI ÇEŞİTLERİ
ÇETİN El.KATMIŞ Tl : 212 22 37
Bisen

SUPPEN

Türken lieben Suppen. Das ist keineswegs übertrieben, denn sie beginnen und beenden den Tag häufig mit einer Suppe. Linsensuppe *(Mercimek Çorbası)* ist ein beliebtes, kräftigendes Grundnahrungsmittel zum Frühstück, das oft in aller Eile mit großen Brocken knusprigen Brotes verschlungen wird. Kuttelsuppe *(İşkembe Çorbası)* wird gerne spät gegessen, um nach einer wilden Party die Müdigkeit zu vertreiben. Türkische Suppen sind meist leicht und einfach und haben nur eine oder zwei Hauptzutaten, etwa Reis und Tomaten, mehrere Fischsorten oder Joghurt und Gerste.

Joghurt ist ein türkisches Grundnahrungsmittel – sogar das Wort ist türkisch. Man verwendet ihn in Suppen, so wie hier, oder zusammen mit Kebab, Köfte oder anderen Fleischgerichten. Außerdem bildet er die Grundlage für viele Dips und Brotaufstriche. Ein Gemisch aus Eigelb und Zitronensaft ist eine typische Zutat für türkische Suppen; es macht sie dicker und verleiht ihnen eine seidige Fülle.

GERSTENSUPPE MIT JOGHURT UND MINZE

ZUTATEN

- 110 g Gerstengraupen
- 1 frisches Lorbeerblatt
- 1 l Hühnerbrühe
- 500 g Joghurt türkischer Art
- 2 TL getrocknete Minze
- 3 Eigelb
- 2 TL fein gemahlene unbehandelte Zitronenschale und etwas mehr zum Servieren
- 1 EL Maisstärkemehl
- 2½ EL frisch gepresster Zitronensaft

ZUBEREITUNG

Die Gerste, das Lorbeerblatt und die Brühe bei mittlerer bis schwacher Hitze in einen Topf geben und zum Sieden bringen. Den Topf teilweise zudecken und 30 Minuten (oder bis die Gerste weich ist) kochen.

Den Joghurt, die getrocknete Minze, die Eigelb und die Zitronenschale in einer Schüssel gut vermengen. In einer kleineren Schüssel Maismehl und Zitronensaft vermengen, bis eine sämige Paste entsteht. Diese Mischung in die Joghurtmischung einrühren. Etwa 500 ml der heißen Brühe mit einer Kelle in die Joghurtmischung schöpfen und gut vermengen. Dann die neue Mischung zurück in die Brühe im Topf gießen, ständig umrühren und die Suppe bei mittlerer Hitze weiterkochen, bis sie wieder leicht siedet und dicker wird. Abschließend mit etwas Zitronenschale bestreuen und sofort servieren. **Ergibt 4–6 Portionen.**

LAMMKÖFTESUPPE MIT LINSEN UND MANGOLD

ZUTATEN

220 g getrocknete Kichererbsen, über Nacht eingeweicht und abgetropft
60 ml Olivenöl
2 Zwiebeln, fein gehackt
3 Knoblauchzehen, zerstoßen
2 EL Tomatenmark
2 EL türkische Pfefferpaste (siehe Anmerkung S. 13)
2 ½ TL getrockneter Oregano
1 frisches Lorbeerblatt
250 g braune Linsen
2 ¼ l Hühnerbrühe
1 Büschel Mangold, zurechtgeschnitten, Stiele und Rippen entfernt, Blätter fein gehackt
Meersalz
frisch gemahlener schwarzer Pfeffer
getrocknete Chiliflocken zum Servieren
natives Olivenöl extra zum Servieren
Zitronenspalten als Beilage
Joghurt türkischer Art als Beilage

KÖFTE

90 g feiner Bulgur
75 g Mehl
200 g Lammhackfleisch
2 ½ TL Tomatenmark
½ TL gemahlener Piment
½ TL gemahlener Zimt
Meersalz
frisch gemahlener schwarzer Pfeffer

ZUBEREITUNG

Die Kichererbsen in einem Topf knapp mit Wasser bedecken. Zum Kochen bringen, dann Hitze auf schwach reduzieren und eine Stunde (oder bis die Kichererbsen weich sind) sieden lassen. Dann abseihen, zudecken und aufheben.

In der Zwischenzeit den Bulgur spülen und gut abtropfen lassen. Mit den Händen so viel Wasser wie möglich auspressen. In der Küchenmaschine mit Mehl, Lamm, Tomatenmark, Piment und Zimt vermengen; mit Meersalz und frisch gemahlenem schwarzem Pfeffer würzen. Zerkleinern, bis die Mischung sämig und elastisch ist, dann kleine Portionen – knapp gestrichene Teelöffel – herausholen und mit den Händen hübsche Kugeln formen. Die Kugeln auf einem mit Backpapier ausgelegten Backblech verteilen und in den Kühlschrank stellen.

Das Olivenöl in einem großen Topf bei mittlerer Temperatur erhitzen. Anschließend die Zwiebeln und den Knoblauch dazugeben und 5–6 Minuten (oder bis alles ein wenig weich ist) garen. Tomatenmark, Pfefferpaste, Oregano und Lorbeerblatt dazugeben und unter Umrühren eine weitere Minute garen. Danach die Linsen und die Brühe dazugeben, zum Kochen bringen, dann die Hitze auf schwach reduzieren und 50 Minuten (oder bis die Linsen weich sind) sieden lassen. Die Kichererbsen hineinleeren und 3–4 Minuten kochen, damit alles heiß wird; dann den Mangold einrühren. Die Suppe wieder leicht sieden lassen und vorsichtig die Köfte einrühren. Bei schwacher Hitze 6–7 Minuten kochen (oder bis der Mangold zusammengefallen ist und die Köfte auch innen gar sind). Mit Meersalz und frisch gemahlenem schwarzem Pfeffer würzen und mit Zitronenspalten, Joghurt, Chiliflocken und Olivenöl (jeweils separat) servieren. **Ergibt 6 Portionen.**

TOMATEN-PAPRIKA-REIS-SUPPE MIT ZIEGENQUARK UND KORIANDER

ZUTATEN

1 kg sehr reife Tomaten, gestückelt
2½ EL natives Olivenöl extra und etwas mehr zum Servieren
1 Zwiebel, fein gehackt
2 Knoblauchzehen, zerstoßen
2 große rote Paprikaschoten, ohne Samen und Haut, fein gehackt
1½ EL türkische Pfefferpaste (siehe Anmerkung Seite 13)
½ TL getrocknete Chiliflocken (oder nach Geschmack)
2 TL süßes Paprikapulver
80 g mittelkörniger Reis
1 EL Zucker
625 ml Hühnerbrühe
Meersalz
frisch gemahlener schwarzer Pfeffer
125 g Ziegenquark
gehackte Korianderblätter zum Servieren

ZUBEREITUNG

Die Tomaten in einer Küchenmaschine zerkleinern, bis ein sämiges Püree entsteht.

Das Olivenöl in einem großen Topf bei mittlerer Temperatur erhitzen. Zwiebel und Knoblauch dazugeben und 5–6 Minuten (oder bis sie weich sind) garen. Die Paprikaschoten dazugeben und 10 Minuten garen. Oft umrühren. Anschließend Pfefferpaste, Chiliflocken und Paprikapulver dazugeben und eine Minute unter Umrühren garen. Dann den Reis, den Zucker, die Hühnerbrühe und das vorbereitete Tomatenpüree dazugeben und gut verrühren. Zum Sieden bringen und bei mittlerer bis schwacher Hitze 20 Minuten (oder bis der Reis butterweich ist) garen. Mit Meersalz und frisch gemahlenem schwarzem Pfeffer würzen. In die Servierschalen verteilen. Dann den Quark in die Schalen geben, mit Koriander bestreuen, mit etwas zusätzlichem Olivenöl beträufeln und sofort servieren. **Ergibt 4–6 Portionen.**

Die Türkei ist der drittgrößte Pistazienproduzent der Welt. Die dicksten, grünsten, süßesten Nüsse wachsen rund um die südtürkische Stadt Gaziantep. Auf den lokalen Märkten sieht man große Häufen und Säcke voller Nüsse aller Größen und Klassen. Die Verkäufer reichen den Passanten gerne eine kleine Handvoll davon zum Probieren.

HÜHNERSUPPE MIT PISTAZIEN

ZUBEREITUNG

Das Huhn, die Karotte, den Sellerie, das Lorbeerblatt und die Hälfte der Zwiebeln in einen Topf geben. Circa 2 l kaltes Wasser hineingießen, bis die Zutaten bedeckt sind, und das Wasser erhitzen, bis es leicht siedet – nicht zu stark, sonst wird das Huhn zäh. 45 Minuten bei schwacher Hitze (oder bis das Huhn weich ist) garen. Das Huhn dann herausnehmen und abkühlen lassen. Die Kochflüssigkeit abseihen und das Gemüse wegwerfen. Sie brauchen 1½ Liter Brühe; gießen Sie, wenn nötig, Wasser nach. Das Fleisch vom Huhn entfernen, Haut, Fett und Knochen wegwerfen. Dann das Fleisch fein schnetzeln und beiseitestellen.

Die Butter bei mittlerer bis schwacher Hitze in einem Topf zum Schmelzen bringen, dann die restlichen Zwiebelstücke dazugeben und 8 Minuten (oder bis sie etwas weich sind) garen. Das Mehl hineinleeren und 3 Minuten garen. Gut umrühren. 250 ml der Kochflüssigkeit hineingießen und ständig rühren, bis die Mischung gekocht hat und dicker geworden ist. Die restliche Brühe hineingießen – jeweils eine Tasse voll – und zwischendurch ständig rühren, bis die Brühe aufgebraucht und die Suppe ziemlich dick ist.

Die Pistazien in einer Küchenmaschine sehr fein mahlen. Milch, Sahne, Hühnerfleisch und Pistazien in die Suppe geben und behutsam erhitzen, bis sie leicht siedet (wenn sie kocht, gerinnt sie). Mit Meersalz und frisch gemahlenem schwarzem Pfeffer würzen.

Die Suppe in Schalen verteilen und vor dem Servieren mit den zusätzlichen gehackten Pistazien bestreuen. **Ergibt 4–6 Portionen.**

ZUTATEN

1 ganzes Huhn (1 kg)
1 Karotte, gehackt
1 Selleriestange, gehackt
1 Lorbeerblatt
2 Zwiebeln, gehackt
60 g Butter
50 g Mehl
100 g ungesalzene Pistazien und zusätzlich gehackte Pistazien zum Servieren
125 ml Vollmilch
125 ml Schlagsahne
Meersalz
frisch gemahlener schwarzer Pfeffer

MUSCHELSUPPE MIT SELLERIE UND SAFRAN

ZUTATEN

- ½ TL Safranfäden
- 80 ml heißes Wasser
- 1 l Fisch- oder Hühnerbrühe
- 2 kg schwarze Muscheln ohne Bärte, Schalen geschrubbt
- 2½ EL natives Olivenöl extra
- 2 Zwiebeln, gehackt
- 3 Knoblauchzehen, fein gehackt
- 3 Selleriestangen, in 5 mm lange Stücke geschnitten
- 700 g Knollensellerie, Stielansatz entfernt, geschält und in 5 mm dicke Scheiben geschnitten
- 400 g Kartoffeln (überwiegend festkochend), in 1 cm lange Stücke geschnitten
- 1 frisches Lorbeerblatt
- Meersalz
- frisch gemahlener schwarzer Pfeffer
- ½ Tasse grob gehackte glatte Petersilie

ZUBEREITUNG

Die Safranfäden in eine kleine Schüssel mit 80 ml heißem Wasser streuen und eine Stunde beiseitestellen (oder bis das Wasser tiefgelb ist).

Die Brühe in einen großen Topf gießen und zum Kochen bringen. Die Hälfte der Muscheln hineinleeren, den Topf zudecken und bei starker Hitze etwa 3 Minuten (oder bis die Muscheln sich öffnen) kochen. Dann die Muscheln mit einem Sieblöffel herausholen und die restlichen Muscheln kochen. Muscheln, die sich nicht öffnen, wegwerfen. Die Kochflüssigkeit aufbewahren. Das Fleisch auslösen, die Schalen wegwerfen und den verbleibenden Saft in einer Schale aufbewahren.

In der Zwischenzeit das Olivenöl in einem großen Topf bei mittlerer Temperatur erhitzen. Die Zwiebeln, den Knoblauch und den Sellerie dazugeben und 5–6 Minuten garen, bis das Gemüse etwas weich ist. Dabei oft umrühren. Den Knollensellerie, die Kartoffeln und das Lorbeerblatt dazugeben, gut verrühren; dann zudecken und 10–12 Minuten (oder bis das Gemüse etwas weich ist) dünsten. Die Brühe, den Muschelsaft und das Safranwasser hineingießen und die Suppe zum Sieden bringen. Bei mittlerer bis schwacher Hitze ohne Deckel 8–10 Minuten kochen. Das Muschelfleisch in den Topf leeren, mit Meersalz und frisch gemahlenem schwarzem Pfeffer würzen und weitere 2 Minuten kochen (oder bis die Muscheln durch und durch heiß sind). Die Petersilie einrühren und sofort servieren. **Ergibt 4–6 Portionen.**

TANDUR-BROT UND WILDKRÄUTER IN EINEM KURDISCHEN DORF

Ich habe einen Fahrer gefunden, der Englisch spricht und mich irgendwo – überall – hinbringt, wo ich den Alltag in einem Dorf beobachten kann. Er entscheidet sich für ein Dorf bei der Kleinstadt Gevaş, etwa 60 Kilometer südlich von Van. Es ist winzig und kurdisch und liegt verträumt zwischen riesigen alten Bäumen am Fuße steiler Abhänge. Ein Bach rieselt an den gedrungenen sandfarbenen Steinhäusern vorbei, und der ganze Ort wimmelt von Geschäftigkeit – kulinarischer Geschäftigkeit!

Zuerst werde ich in einen verräucherten Raum geführt, wo Frauen fleißig an einem Tandur-Ofen arbeiten. Dieser zylinderförmige Lehmofen sitzt in einem Loch im Boden (im Türkischen heißt er *Gömme Tandır*, »vergrabener Ofen«) und wird mit Holz beheizt. Anders als in den westlich orientierten Landesteilen ist der Tandur-Ofen hier ein Muss, denn die meisten alten Häuser haben keine eigenen Öfen, und die Hausfrauen bereiten Brot und andere Lebensmittel gemeinsam zu. Ich schaue zu, wie eine Frau mit den Händen Teig aus einer großen Wanne schöpft und zu perfekten Kugeln formt. Eine andere Frau rollt sie dann gewandt zu dünnen Scheiben aus. Diese werden befeuchtet und mit einem runden, gepolsterten Block an die Seite des Tandurs geklatscht. Sie bleiben haften und werden fünf Minuten später abgenommen – knusprig, goldfarben und dampfend.

Draußen wäscht ein Mädchen Kräuter, die wie Schnittlauch aussehen und stark riechen, ähnlich wie Knoblauch. Es handelt sich um *Sarmısakotu*, mit dem man *Otlu Peynir* (Kräuterkäse) würzt, für den Van berühmt ist. Die Kräuter werden im Frühling auf den Bergen rund um Van gepflückt; dann ist auch Milch (meist von Schafen) reichlich vorhanden. Im Juni bereiten die Dorfbewohner Käse für den eigenen Bedarf zu. Er wird eingesalzen und dann in eingegrabenen Wannen etwa sechs Monate lang abgelagert. Dabei wird er immer krümeliger und salziger, sein Geruch beißender. Der im Juli und August produzierte Käse wird verkauft.

Bevor wir weiterfahren, essen wir *Ayran Asi*, eine Joghurtsuppe, die im kurdischen Südosten überall genossen wird. Man serviert sie warm und dick mit Kichererbsen, weich gekochtem Weizen, Spinat und Kräutern als Zutaten. Sie ist lecker und nahrhaft und wird mit Tandur-Brot gereicht. Zum Abschied bekommen wir jeweils ein weiches Brot, in Zeitungspapier verpackt und noch etwas warm und rauchig vom Ofen.

ROTE-LINSEN-SUPPE MIT AUBERGINE UND MINZE

ZUTATEN

150 ml natives Olivenöl extra
2 Zwiebeln, fein gehackt
625 g rote Linsen
2 ½ l Hühner- oder Gemüsebrühe
60 ml frisch gepresster Zitronensaft (oder nach Geschmack)
2 EL Meersalz
frisch gemahlener schwarzer Pfeffer
500 g (etwa 1 große) Aubergine, in 1 cm lange Stücke geschnitten
2 Knoblauchzehen, zerstoßen
3 TL getrocknete Minze
2 ½ TL süßes Paprikapulver
3 EL gehackte frische Minze zum Servieren

ZUBEREITUNG

Zwei Esslöffel Olivenöl bei mittlerer Temperatur in einem großen Topf erhitzen. Die Zwiebeln dazugeben und 6–7 Minuten (oder bis sie etwas weich sind) kochen. Linsen und Brühe dazugeben, zum Sieden bringen und Verunreinigungen von der Oberfläche abschöpfen. Die Hitze auf schwach reduzieren, den Topf teilweise zudecken und 40–50 Minuten sieden lassen (oder bis die Linsen sehr weich und auseinandergefallen sind). Den Zitronensaft hineingießen und mit Meersalz und frisch gemahlenem schwarzem Pfeffer würzen.

In der Zwischenzeit die Auberginenstücke in ein Sieb leeren, mit Salz bestreuen und 20 Minuten beiseitestellen. Dann gut waschen, abtropfen lassen und mit Küchenpapier trocken tupfen. Das restliche Olivenöl in einer großen, schweren Bratpfanne bei mittlerer bis hoher Temperatur erhitzen. Die Auberginenstücke hineingeben und 5–6 Minuten garen, bis sie goldbraun und weich sind. Oft umrühren. Knoblauch dazugeben und 2 Minuten garen, dann Minze und Paprika dazugeben und weitere 2 Minuten (oder bis die Mischung duftet) garen.

Die Suppe in Schalen gießen, die Auberginen-Knoblauch-Mischung hineinlöffeln und die Minze darüberstreuen. **Ergibt 6 Portionen.**

BROT, GEBÄCK UND NUDELN

Brot spielt in der Türkei eine so große Rolle, dass es traditionell als heilig gilt. Wer Brotreste wegwirft, begeht eine Sünde. Ohne Brot ist keine türkische Mahlzeit vollständig. Es wird meist in Holzöfen gebacken, bis es goldfarben und knusprig ist. Man isst sowohl gesäuertes als auch ungesäuertes Brot sowie unzählige Backwaren, vor allem Börek, dessen Zubereitung als eine Art Kunst gilt. Der traditionelle Yufka-Teig ist etwas dicker als Blätterteig und die Grundlage vieler türkischer Backwaren. Seine Zubereitung erfordert Geschick und Geduld – im Idealfall rollt man ihn mit einer langen, dünnen Teigrolle aus, die *Olava* heißt.

LAHMACUN

ZUTATEN

1 rote Zwiebel, fein gehackt
2 Knoblauchzehen, fein gehackt
600 g Lammhackfleisch
1 ½ EL türkische Pfefferpaste (siehe Anmerkung Seite 13)
Meersalz
frisch gemahlener schwarzer Pfeffer
2 reife Tomaten ohne Samen, geviertelt und gehackt
1 rote Paprikaschote, ohne Samen und Haut und fein gehackt
1 Handvoll gehackte glatte Petersilie
1 Handvoll gehackte Korianderblätter
½ TL getrocknete Chiliflocken und etwas mehr zum Servieren
Zitronenspalten als Beilage

TEIG

1 Msp. Zucker
125 ml Wasser
+ 357 ml Wasser
2 TL Trockenhefe
600 g Mehl und etwas mehr zum Bestäuben
2 TL Salz
etwas natives Olivenöl extra

ZUBEREITUNG

Für den Teig den Zucker in einer kleinen Schüssel in 125 ml lauwarmem Wasser verrühren und die Hefe darübersprenkeln. Etwa 8 Minuten (oder bis sich Schaum bildet) beiseitestellen, dann weitere 375 ml lauwarmes Wasser dazugießen.

Das Mehl und das Salz in einer Schüssel vermengen, dann die Hefemischung dazugeben und umrühren, bis ein grober Teig entsteht. Diesen auf eine leicht bemehlte Fläche legen und 5 Minuten kneten (oder bis der Teig sämig und elastisch ist). Dann den Teig zu einer Kugel formen, in eine leicht mit Öl bestrichene Schüssel geben und wenden, damit er gleichmäßig ölig wird. Mit Frischhaltefolie abdecken und eine Stunde (oder bis er doppelt so hoch ist) an einen warmen, zugfreien Platz stellen.

In der Zwischenzeit Zwiebel, Knoblauch, Lammfleisch und Pfefferpaste in einer Schüssel verrühren und mit Meersalz und frisch gemahlenem schwarzem Pfeffer würzen. Mit den Händen 5 Minuten kneten, bis alle Zutaten sehr gut vermengt sind und das Gemisch sämig und klebrig ist. Anschließend Tomaten, Paprika, Petersilie, Koriander und Chili dazugeben und behutsam kneten, bis alles gut vermengt ist.

Das Backrohr auf 220°C vorheizen. Zwei Backbleche mit Backpapier auslegen. Den Teig auf einer leicht bemehlten Fläche durchkneten und in 12 gleich große Kugeln aufteilen. Jede Kugel mit einer Teigrolle zu einem 25 x 14 cm großen Oval ausrollen und jedes Oval dünn mit der Lammfleischmischung bestreichen; dabei 1 cm Rand lassen.

Die Lahmacun sehr behutsam in die Backbleche legen und portionsweise 10–15 Minuten backen (oder bis der Teig goldbraun und knusprig ist). Heiß mit den Zitronenspalten und zusätzlichen Chiliflocken als Beilagen servieren. **Ergibt 12 Portionen.**

SÜSSE TAHIN-SPIRALEN

ZUBEREITUNG

Für den Teig in einer kleinen Schüssel den Zucker und 125 ml lauwarmes Wasser vermengen und die Hefe darübersprenkeln. Etwa 8 Minuten (oder bis sich Schaum bildet) beiseitestellen. Die lauwarme Milch und die geschlagenen Eier vermengen und dann mit weiteren 2 Esslöffeln lauwarmem Wasser und dem Olivenöl in die Hefemischung geben. Gut verrühren.

Mehl und Salz in einer Schüssel vermengen, dann die Hefemischung dazugeben und umrühren, bis ein grober Teig entsteht. Diesen auf eine leicht bemehlte Fläche legen und 5 Minuten kneten (oder bis er sämig und elastisch ist). Dann den Teig zu einer Kugel formen und in eine leicht mit Öl bestrichene Schüssel geben. Dort den Teig so lange wenden, bis er gleichmäßig eingeölt ist. Mit Plastikfolie abdecken und eine Stunde (oder bis er sein Volumen verdoppelt hat) an einen warmen, zugfreien Platz stellen.

In der Zwischenzeit den Tahin, den Zucker und das zusätzliche Ei in einer Schüssel gut vermengen. Die Mischung wird ziemlich dick.

Den Teig auf einer leicht bemehlten Fläche durchkneten und in 12 gleich große Kugeln teilen. Jede Kugel einzeln mit der Teigrolle zu einem Kreis mit 18 cm Durchmesser ausrollen. Einen Esslöffel der Tahin-Mischung auf jeden Kreis geben, dabei einen Zentimeter Rand lassen. Dann jeden Kreis zu einem Strang aufrollen und unter leichtem Druck mit flachen Händen auf ca. 30 cm Länge ausrollen. Aus diesem Strang mit den Händen eine enge Spirale formen und diese leicht flach drücken. Jede Spirale sollte rund 10 cm Durchmesser haben. Die Spiralen in leicht eingefettete Backbleche legen, locker mit einem Geschirrtuch bedecken und etwa 30 Minuten (oder bis sie aufgebläht aussehen) beiseitestellen.

Das Backrohr auf 220°C vorheizen. Jede Spirale oben mit der Eigelbmischung bepinseln und leicht mit Sesamsamen bestreuen. 30 Minuten backen (oder bis sie goldfarben und durchgebacken sind). Tahin-Spiralen schmecken am besten am Backtag, aber sie bleiben in einem luftdichten Behälter im Kühlschrank bis zu 4 Wochen frisch. **Ergibt 12 Portionen.**

ZUTATEN

1 große Msp. Zucker
125 ml Wasser
3 TL Trockenhefe
170 ml lauwarme Milch
2 Eier, leicht geschlagen, und
 1 zusätzliches Ei
2 EL Wasser
2½ EL natives Olivenöl extra
600 g Mehl
2 TL Meersalz
270 g Tahin (Sesampaste)
220 g Kristallzucker
1 Eigelb, mit 1½ EL Wasser verquirlen
Sesamsamen zum Bestreuen

FILOKUCHEN MIT LAMMFLEISCH, LINSEN UND MINZE

ZUTATEN

140 g braune Linsen
2 EL natives Olivenöl extra
1 große Zwiebel, fein gehackt
2 Knoblauchzehen, fein gehackt
400 g Lammhackfleisch
2 EL türkische Pfefferpaste
(siehe Anmerkung Seite 13)
2 TL süßes Paprikapulver
¼ Tasse gehackte Minze
¼ Tasse gehackte glatte Petersilie
60 g geriebener Ziegenkäse (optional)
18 Blätter Filoteig
125 g zerlassene Butter
Joghurt türkischer Art als Beilage

ZUBEREITUNG

Die Linsen in einen Topf geben und Wasser einfüllen, bis sie knapp bedeckt sind. Zum Sieden bringen und 35–40 Minuten (oder bis die Linsen weich sind) bei mittlerer bis schwacher Hitze garen. Gut abseihen.

In der Zwischenzeit das Olivenöl in einer großen, schweren Bratpfanne bei mittlerer Temperatur erhitzen. Die Zwiebel und den Knoblauch dazugeben und 5–6 Minuten (oder bis sie etwas weich sind) garen. Anschließend das Lammfleisch dazugeben und 12–15 Minuten garen. Dabei oft umrühren, um das Fleisch zu zerlegen. Das Fleisch sollte braun und ziemlich trocken sein, überschüssige Flüssigkeit sollte verdunsten. Danach die Pfefferpaste und das Paprikapulver dazugeben und 2 Minuten unter ständigem Rühren garen. Die Pfanne vom Herd nehmen und Minze, Petersilie und Ziegenkäse (optional) einrühren. Die Linsen unterrühren. Auf Zimmertemperatur abkühlen lassen.

Das Backrohr auf 180 °C vorheizen und zwei Backbleche mit Backpapier auslegen. Die Filo-Blätter auf eine saubere Fläche legen und mit einem feuchten Geschirrtuch abdecken, damit sie nicht austrocknen. Eine Scheibe so drehen, dass Ihnen die lange Seite am nächsten ist. Die Scheibe mit zerlassener Butter bestreichen, dann eine weitere Scheibe darauflegen. Auch diese mit zerlassener Butter bestreichen, dann die nächste Scheibe obenauf legen. Die oberste Scheibe mit Butter bestreichen und mit der Lammfleischmischung einen dünnen Streifen entlang der Seite formen, die Ihnen am nächsten ist; aber einen 2 cm breiten Rand an beiden kurzen Seiten lassen. Der Länge nach aufrollen, sodass eine dünne Rolle entsteht; dann daraus eine enge Spirale formen und vorsichtig auf eines der vorbereiteten Backbleche legen.

Mit allen Teigblättern und der Füllung insgesamt sechs Spiralen formen. Jede Spirale oben mit der restlichen zerlassenen Butter bestreichen und im Backrohr 35 Minuten (oder bis sie tief goldbraun sind) backen. Mit Joghurt als Beilage servieren. **Ergibt 6 Portionen.**

Die Türken essen viele verschiedene Fladenbrote, sowohl gesäuert als auch ungesäuert. Dieses Brot ist vom *Saç Ekmeği* inspiriert (ein *saç* ist ein großes, konvexes Backblech, das Nomaden erfanden, die tragbares Geschirr brauchten). Eine große, schwere gusseiserne Bratpfanne ist ebenfalls gut geeignet.

FLADENBROT

ZUTATEN

- 1 TL Kristallzucker
- 100 ml Wasser + 300 ml Wasser
- 1½ TL getrocknete Hefe
- 600 g Mehl
- 1½ TL Salz

ZUBEREITUNG

Den Zucker in einer kleinen Schüssel mit 100 ml lauwarmem Wasser vermengen und die Hefe darübersprenkeln. Etwa 8 Minuten (oder bis sich Schaum bildet) beiseitestellen, dann 300 ml lauwarmes Wasser hineingießen.

Mehl und Salz in einer Schüssel vermengen, dann die Hefemischung dazugeben und umrühren, bis sich ein grober Teig bildet. Auf eine leicht bemehlte Fläche legen und 5 Minuten kneten (oder bis der Teig sämig und elastisch ist). Den Teig zu einer Kugel ausformen und in eine leicht mit Öl bestrichene Schüssel geben. Wenden, bis sie gleichmäßig eingeölt ist. Mit Frischhaltefolie abdecken und eine Stunde (oder bis der Teig sein Volumen verdoppelt hat) an einen warmen, zugfreien Platz stellen.

Den Teig auf einer leicht bemehlten Fläche durchkneten und in 12 gleich große Kugeln teilen. Jede Kugel mit einer Teigrolle zu einem Kreis mit 24 cm Durchmesser ausrollen. Eine große Bratpfanne mit Antihaftbeschichtung bei mittlerer Temperatur erhitzen und die Fladenbrote nacheinander auf jeder Seite 3 Minuten backen (oder bis sie durchgebacken sind und sich leicht verfärbt haben). Zum Warmhalten auf einen Teller legen, während Sie die restlichen Brote backen. Warm oder bei Zimmertemperatur servieren. Fladenbrote schmecken am besten am Backtag, aber sie bleiben in einem luftdichten Behälter im Kühlschrank bis zu 4 Wochen frisch. **Ergibt 12 Portionen.**

SULTANINEN-PIDE MIT MANGOLD UND FETA

ZUBEREITUNG

Den Pide-Teig nach der Anleitung auf Seite 85 zubereiten und eine Stunde beiseitestellen (oder bis der Teig sein Volumen verdoppelt hat).

Die Mangoldstiele fein und die Blätter grob hacken. Das Olivenöl bei mittlerer Temperatur in einer großen Schüssel erhitzen. Zwiebel und Knoblauch dazugeben und 5 Minuten (oder bis sie etwas weich sind) schmoren. Die Sultaninen und die Mangoldstiele dazugeben, den Topf zudecken und 10 Minuten garen, bis die Stiele weich sind. Gelegentlich umrühren. Die Spinatstiele und -blätter grob hacken, dann mit den Mangoldblättern in den Topf geben; zudecken und 3 Minuten kochen (oder bis der Spinat zusammengefallen ist). Mit Meersalz und frisch gemahlenem schwarzem Pfeffer würzen, dann vom Herd nehmen und leicht abkühlen lassen. Den Feta einrühren.

Das Backrohr auf 200 °C vorheizen und zwei große Backbleche leicht einfetten. Den Teig auf einer leicht bemehlten Fläche durchkneten und in acht gleich große Stücke teilen. Jeweils ein Stück Teig mit einer Teigrolle zu einem 25 x 16 cm großen Oval ausrollen. Ein Achtel der Füllung in die Mitte jedes Ovals geben, dabei einen 2½ cm breiten Rand lassen; dann den Teig an den Rändern hochziehen und umklappen, sodass er die Füllung teilweise bedeckt. In die Backbleche geben, oben und an den Seiten mit der Eigelbmischung bepinseln und portionsweise 15–20 Minuten backen (oder bis der Teig goldbraun ist und die Füllung Blasen wirft). Heiß oder warm servieren. **Ergibt 8 Portionen**

Variante: Für die Rindfleisch- und Kashkaval-Füllung das Steak in 1 cm große Stücke schneiden und beiseitestellen. Die Hälfte des Olivenöls bei mittlerer bis hoher Temperatur in einer großen Bratpfanne erhitzen. Das Fleisch dazugeben und 5 Minuten unter mehrmaligem Wenden garen, bis es braun ist. Vom Herd nehmen und beiseitestellen. Das restliche Öl bei mittlerer Temperatur in einem Topf erhitzen. Zwiebel und Knoblauch dazugeben und unter häufigem Rühren 5-6 Minuten garen, bis sie etwas weich sind. Pfefferpaste, Tomatenmark, Paprikapulver, Oregano und Chiliflocken dazugeben und 1–2 Minuten (oder bis die Mischung duftet) garen. Fleisch, Tomaten und 60 ml Wasser dazugeben. Zum Sieden bringen und bei schwacher Hitze 50 Minuten kochen (oder bis das Fleisch butterweich und das Wasser teilweise verdunstet ist). Mit Meersalz und frisch gemahlenem schwarzem Pfeffer würzen, dann vom Herd nehmen und auf Zimmertemperatur abkühlen lassen. Die Pide wie oben beschrieben ausrollen und formen, aber als Füllung den Käse verwenden und das Fleisch darüberlöffeln, sobald der Teig gefaltet ist. Mit der Eigelbmischung bepinseln und portionsweise 15–20 Minuten (oder bis der Teig tief goldbraun ist) backen. **Ergibt 8 Portionen.**

ZUTATEN

1 Portion Pide-Teig (siehe Seite 85)

MANGOLD-, FETA- UND SULTANINEN-FÜLLUNG

600 g Mangold – 6 cm von den Stielen weggeschnitten
2½ EL natives Olivenöl extra
1 große Zwiebel, fein gehackt
3 Knoblauchzehen, fein gehackt
60 g Sultaninen
600 g Spinat – 3 cm von den Stielen weggeschnitten
Meersalz
frisch gemahlener schwarzer Pfeffer
200 g zerbröckelter Feta-Käse
1 Eigelb, mit 1½ EL Wasser geschlagen

RINDFLEISCH- UND KASHKAVAL-FÜLLUNG (VARIANTE)

1 kg Kurzrippensteak (Schaufelstück)
80 ml natives Olivenöl extra
1 große Zwiebel, gehackt
2 Knoblauchzehen, zerstoßen
1½ EL türkische Pfefferpaste (siehe Anmerkung S. 13)
1 EL Tomatenmark
2 TL Paprikapulver
2½ EL Oreganoblätter
1 TL getrocknete Chiliblätter (optional)
400 g gehackte Tomaten aus der Dose
60 ml Wasser
Meersalz
frisch gemahlener schwarzer Pfeffer
300 g geriebener Kashkaval-Käse (siehe Anmerkung S. 74)
1 Eigelb, mit 1½ EL Wasser geschlagen

FILO-ROLLEN MIT KÄSE UND KARTOFFELN

ZUTATEN

650 g Kartoffeln vorwiegend festkochend, geschält und geviertelt
2 EL natives Olivenöl extra
1 Zwiebel, fein gehackt
1 Knoblauchzehe, gestoßen
200 g geriebener Feta-Käse
½ TL gemahlener Piment
2½ EL gehackte Minze
2½ EL gehackte glatte (italienische) Petersilie
1 Ei, leicht geschlagen
14 Filoteig-Blätter
175 g Butter, zerlassen
Nigellasamen (auch Schwarzkümmel genannt) zum Bestreuen

ZUBEREITUNG

Die Kartoffeln in kochendem Salzwasser 15 Minuten (oder bis sie weich sind) garen. Gut abtropfen und ein wenig abkühlen lassen. Das Olivenöl bei mittlerer Temperatur in einem großen Topf erhitzen. Zwiebel und Knoblauch dazugeben und 6–7 Minuten (oder bis sie etwas weich sind) garen. Vom Herd nehmen, die Kartoffeln dazugeben und mit einem Kartoffelstampfer zu einem groben Püree zerquetschen. Feta, Piment, Minze, Petersilie und Ei einrühren und gut vermengen. Mit Meersalz und frisch gemahlenem schwarzem Pfeffer würzen.

Das Backrohr auf 180 °C vorheizen und ein großes Backblech leicht einfetten. Die Filo-Blätter auf eine saubere Fläche legen und mit einem feuchten Geschirrtuch abdecken, damit sie nicht austrocknen. Ein Filo-Blatt mit zerlassener Butter bestreichen, dann die zweite Scheibe darauflegen und leicht mit Butter bestreichen. Das Gebäck in vier gleiche Viertel schneiden und aus einem Esslöffel der Kartoffelmischung einen sauberen, etwa 8 cm langen Block formen, für jedes Viertel einen. Auf die lange Seite jedes Filo-Viertels einen Block legen, dann den Teig nach oben rollen und die Enden nach innen klappen – jedoch nicht zu eng, damit das Gebäck beim Backen nicht platzt. Die Teigrollen mit der Faltseite nach unten auf die Backbleche legen. Mit dem restlichen Filo-Teig und der restlichen Füllung ebenso verfahren. Insgesamt sollten Sie 28 Rollen erhalten. Diese oben mit der restlichen zerlassenen Butter bestreichen und großzügig mit Nigellasamen bestreuen.

20–30 Minuten (oder bis sie leicht goldbraun sind) im Backrohr backen und warm servieren. **Ergibt 28 Portionen.**

Revolutionary
Apparels

URFA: HOLZOFENBROT UND BERÜHMTE PAPRIKASCHOTEN

Wenn Sie in der Öffentlichkeit den Eindruck gewinnen, dass in der Türkei allein die Männer das Sagen haben, ist das verständlich, vor allem wenn Sie eine der vielen mit Holz beheizten Bäckereien in Urfa besuchen. Diese sind mit ihren tiefen Steinöfen und dem einladenden Duft nach frischem Brot wahre Zentren der Geschäftigkeit. Meist steht eine Gruppe von Männern nebeneinander, knetet kräftig und rollt den Teig zu flachen Laiben aus, während andere, schwitzend vor Anstrengung, im Inferno arbeiten: Sie holen mit langen Holzschaufeln gebackene Laibe heraus und schieben ungebackene in die heiße, glühende Kohle. Die Kunden – ausschließlich Männer – kommen jeden Morgen mit einem Armvoll Auberginen und glänzend roten Paprikaschoten vorbei, die sie dann mit ihrer Brotbestellung abgeben. Zehn Minuten später kommen sie zurück und nehmen ihre dampfenden Laibe und das Gemüse mit, das inzwischen wundervoll knackig geworden ist. So frühstückt man in Urfa!

Gegen Mittag stehe ich vor einem anderen *Fırın* (kommunalen Ofen) und schaue den Männern und Jungen zu, die mit Tabletts voller Speisen (meist Fleisch und Gemüse der Saison, schlicht angeordnet und aufeinandergeschichtet) in den Raum stürzen und dann zum Mittagsgebet rennen. Etwa vierzig Minuten später kommen sie wieder vorbei und nehmen das Brot mit ihrem heißen Mahl mit. Das ist ein tägliches Ritual, das fast ohne Frauen abläuft. Wenn ich doch einmal Frauen sehe, befinden sie sich meist in Begleitung eines Verwandten oder zumindest einer anderen Frau. Allein laufen sie nicht herum.

Aber es gibt noch einen Grund, diese verführerische Stadt zu besuchen. Überall in der Türkei wird das Essen mit kleinen Streuern voller getrockneter Chiliflocken gereicht. Die berühmtesten Schoten kommen aus Kahramanmaraş (auch berühmt für seine dehnbare Eiscreme) und Urfa. Urfa-Schoten sind in ihrer beliebtesten Form Kunstprodukte. Die Paprika wächst auf dem dürren Land rund um die Stadt, und da die Schoten unterschiedlich schnell reifen, pflückt man sie von Hand. Viele Erzeuger trocknen sie immer noch auf die alte Art, in der Sonne, und lassen sie danach ein wenig gären. So erhalten die verarbeiteten Flocken ihre typische Ochsenblutfarbe und ihr unverwechselbares erdiges und rauchiges Aroma. Der Geschmack macht süchtig, und wer sie auf den Basaren sieht und riecht, wo sie in großen Häufen auf Käufer warten, vergisst dieses Erlebnis nie.

a insanlık dersi
'Afrika'yı
tlamışız'
üretici-
veriyor

Simit ist für mich der Inbegriff des türkischen Essens. Man wird diesen runden, knusprigen Brotringen nicht gerecht, wenn man sie als »Brot mit Sesamkruste« bezeichnet, denn ihr Geschmack und ihre wundervolle Konsistenz sind unvergleichlich. Türken essen jeden Tag Simit als Zwischenmahlzeit, aber sie eignen sich, begleitet von Käse, Tomaten, Gurken und Oliven, auch als kräftigendes Frühstück.

SIMIT

ZUTATEN

1 Msp. Zucker
60 ml Wasser
3 TL getrocknete Hefe
310 ml Wasser
500 g Mehl
1½ TL Meersalz
170 ml Pekmez (siehe Anmerkung unten)
80 ml Wasser
235 g Sesamsamen

ZUBEREITUNG

Zucker und 60 ml lauwarmes Wasser in einer kleinen Schüssel vermengen und die Hefe darübersprenkeln. Etwa 8 Minuten (oder bis sich Schaum bildet) beiseitestellen, dann weitere 310 ml lauwarmes Wasser hineingießen.

Mehl und Salz in einer Schüssel vermengen, dann die Hefemischung dazugeben und umrühren, bis ein grober Teig entsteht. Auf eine leicht bemehlte Fläche legen und 6–7 Minuten kneten (oder bis der Teig sämig und elastisch ist). Dann den Teig zu einer Kugel formen und in eine leicht mit Öl bestrichene Schüssel legen. Dort wenden, bis er gleichmäßig eingeölt ist. Mit Frischhaltefolie abdecken und eine Stunde (oder bis er sein Volumen verdoppelt hat) an einen warmen, zugfreien Platz stellen.

Das Backrohr auf 220 °C vorheizen und zwei Backbleche mit Backpapier auslegen. Den Teig auf einer leicht bemehlten Fläche durchkneten und in 10 gleich große Stücke teilen. Pekmez in einer großen Schüssel mit 80 ml Wasser vermengen. Die Sesamsamen auf einen großen Teller streuen. Jedes Teigstück einzeln mit den Händen zu zehn 55 cm langen »Seilen« ausrollen. Diese so in der Mitte falten, dass die beiden Enden nebeneinanderliegen; dann vom Brett nehmen und mit den Händen zu einem zweisträngigen Seil flechten. Wieder auf die Fläche legen und die Enden fest aneinanderpressen, sodass ein Ring entsteht. Mit dem restlichen Teig ebenso verfahren, bis Sie 10 Ringe haben.

Jeden Ring vollständig in die Pekmez-Mischung tauchen, dann gut abtropfen lassen und behutsam in den Sesamsamen wälzen. Dann auf die Backbleche legen und etwa 20 Minuten bei Zimmertemperatur beiseitestellen, bis der Teig etwas aufgegangen ist. Im Backrohr 15–18 Minuten backen (oder bis die Ringe goldbraun und durchgebacken sind). Auf einem Kuchengitter abkühlen lassen. Simit schmecken am besten am Backtag, aber sie halten sich in einem luftdichten Behälter im Kühlschrank bis zu 4 Wochen. **Ergibt 10 Portionen.**

Anmerkung: Pekmez ist ein Sirup aus dem Saft und Most bestimmter Früchte, meist Weintrauben oder Feigen. Man bekommt ihn in Geschäften, die Produkte aus dem Nahen Osten und aus der Türkei führen.

BÖREK MIT LAUCH UND DICKEN BOHNEN

ZUTATEN

80 g Butter und etwas mehr zum Einfetten
1½ kg Lauch, gesäubert, gewaschen und in dünne Scheiben geschnitten
1 kg dicke Bohnen (Ackerbohnen), enthülst
200 g geriebener Kashkaval-Käse (siehe Anmerkung unten)
3 Eier
½ TL frisch gemahlener Muskat
Meersalz
frisch gemahlener schwarzer Pfeffer
170 ml Vollmilch

TEIG

400 g Mehl
2 Eier, leicht geschlagen
2 EL natives Olivenöl extra
1 EL Weißweinessig
80 g Joghurt türkischer Art
1 TL Meersalz
60 ml Wasser

Anmerkung: Kashkaval ist ein halbharter, auf dem Balkan und in der Türkei beliebter Käse. In der Türkei wird er oft aus Schafsmilch gemacht.

ZUBEREITUNG

Das Mehl so in eine Schüssel leeren, dass es in der Mitte eine Mulde bildet. In einer anderen Schüssel die restlichen Zutaten des Teiges mit 60 ml Wasser gut verrühren. Über das Mehl schütten und behutsam vermengen, bis ein weicher Teig entsteht. Wenn dieser zu fest wird, einen Esslöffel Wasser dazugeben. Den Teig dann auf eine leicht bemehlte Fläche legen und 3 Minuten (oder bis er sämig und elastisch ist) kneten. In eine leicht mit Öl bestrichene Schüssel geben, mit Plastikfolie abdecken und 30 Minuten an einem kühlen Ort ruhen lassen.

In der Zwischenzeit die Hälfte der Butter in einem großen Topf bei mittlerer Temperatur erhitzen. Den Lauch dazugeben, zudecken, die Hitze auf mittel bis schwach reduzieren und 25 Minuten garen. Währenddessen oft umrühren, bis der Lauch butterweich ist. Dann abseihen und abkühlen lassen.

Die Bohnen in kochendem Salzwasser bei mittlerer Hitze 5–6 Minuten garen, gut abtropfen lassen, dann unter fließendem Wasser kühlen. Wieder abtropfen lassen, schälen und die zähen äußeren Häute wegwerfen. Den Lauch und den Käse in einer Schüssel vermengen. Zwei Eier leicht schlagen und in die Lauchmischung geben. Die Bohnen einrühren und mit Muskat, Meersalz und frisch gemahlenem schwarzem Pfeffer würzen.

Die restliche Butter zum Schmelzen bringen und in einer separaten Schüssel mit der Milch und einem Ei gut vermengen.

Den Boden und die Seiten von zwei runden Kuchenformen mit 20 cm Durchmesser mit Butter bestreichen. Den Teig in acht gleich große Portionen teilen. Jede Portion vorsichtig auf einer leicht bemehlten Fläche ausrollen, bis ein etwa 2 mm dicker Kreis entsteht – nicht zerreißen. In jede Form einen Kreis legen und behutsam in die Ecken drücken – die Überhänge bleiben. Die Milchmischung großzügig auf den Teig streichen und eine weitere Teigschicht in jede Form legen. Erneut mit Milch bestreichen und wieder eine Teigschicht darauflegen. Jeder Kuchenboden sollte drei Schichten haben. Die Füllung auf beide Kuchen verteilen.

Die beiden verbliebenen Teigportionen noch einmal halbieren und jede Hälfte zu einem dünnen Kreis mit 20 cm Durchmesser ausrollen. Auf jeden Kuchen einen solchen »Deckel« legen und mit der Milchmischung bestreichen. Darauf die beiden letzten Teigportionen legen, sodass jeder Deckel zwei Schichten hat, und mit der Milchmischung bestreichen. Überhängenden Teig nach innen klappen, wenn nötig etwas dehnen, damit er wenigstens teilweise auf dem Deckel liegt. Eine Stunde backen (oder bis der Kuchen goldbraun und durchgebacken ist). Warm oder bei Zimmertemperatur servieren. **Ergibt 10–12 Portionen.**

EKMEK
0.30 krş

GÖZLEME MIT RÜBENBLATT, RICOTTA UND HASELNÜSSEN

ZUTATEN

- 300 g Mehl und etwas mehr zum Bestreuen
- 1 TL Meersalz
- 80 ml Olivenöl und etwas mehr zum Kochen
- 3 Knoblauchzehen, in dünne Scheiben geschnitten
- 60 g Sultaninen
- Blätter und Stiele von 2 Büscheln Roten Beten, gewaschen und gehackt
- 350 g Spinat, gewaschen und gehackt
- 1 große Msp. frisch gemahlener Muskat
- 250 g geriebener fester Ricotta-Käse
- 100 g Haselnüsse, geröstet, enthäutet und gehackt
- Meersalz
- frisch gemahlener schwarzer Pfeffer
- 1 Ei, leicht geschlagen

ZUBEREITUNG

Mehl und Salz in einer großen Schüssel vermengen und in die Mitte eine Mulde drücken. 250 ml Wasser und 2 Esslöffel Olivenöl hineingießen und mit einem Messer mit flacher Klinge umrühren. Dabei allmählich mehr Mehl in die Flüssigkeit schieben, bis ein grober, weicher Teig entsteht. Diesen auf eine leicht bemehlte Fläche legen und 5–6 Minuten (oder bis er sämig und elastisch ist) kneten. Wenn er zu klebrig ist, etwas Mehl nachschütten (nicht zu viel, weil der Teig weich sein soll). Den Teig zu einer Kugel formen, in eine leicht mit Öl bestrichene Schüssel geben und wenden. Mit Plastikfolie abdecken und eine Stunde an einen warmen, zugfreien Platz stellen.

In der Zwischenzeit das restliche Öl bei mittlerer Temperatur in einem Topf erhitzen. Den Knoblauch dazugeben und 2 Minuten (oder bis er duftet) garen. Sultaninen sowie Rübenblätter und -stiele dazugeben, den Topf zudecken und 6 Minuten (oder bis das Gemüse etwas weich ist) garen. Hitze auf stark erhöhen, den Spinat dazugeben und 2–3 Minuten garen (oder bis der Spinat zusammenfällt). Dann die Blättermischung mit einem Sieblöffel in eine Schüssel füllen und den Saft im Topf weitere 3–4 Minuten kochen (oder bis nur noch etwa 2 Esslöffel davon übrig sind). In die Blättermischung in der Schüssel gießen und auf Zimmertemperatur abkühlen lassen. Muskat, Ricotta und Haselnüsse dazugeben, mit Meersalz und frisch gemahlenem schwarzem Pfeffer würzen und behutsam umrühren, sodass alles ein wenig vermengt ist.

Den Teig in 12 gleich große Stücke teilen. Jedes Stück mit den Händen zu einer Kugel ausrollen, dann mit der Teigrolle zu einem Kreis mit 21 cm Durchmesser ausrollen. An einer Seite jedes Kreises 2 Esslöffel der Füllung auftragen. Die Kante jedes Kreises leicht mit dem Ei bestreichen. Den Teig so falten, dass Halbmonde entstehen, dann festdrücken, um die Füllung einzuschließen. Auf die Backbleche legen, ein wenig flach drücken und mit zusätzlichem Mehl bestreuen.

Etwa einen Esslöffel Öl in einer großen, schweren Bratpfanne bei mittlerer Temperatur erhitzen und die Gözleme portionsweise auf jeder Seite 4–5 Minuten braten (oder bis sie goldbraun sind und die Füllung durch und durch heiß ist). Sofort servieren. **Ergibt 12 Portionen.**

KAPPADOKIEN UND EIN WEHMÜTIGER TRAUM VOM YUFKA-TEIG

Kappadokien liegt im Herzen Anatoliens und ist auf der ganzen Welt für seine einzigartigen Landschaften und seine traditionelle Baukunst berühmt. Die faszinierenden Feen-Kamine – in Felsen gehauene Wohnungen, die jäh aus dem Vulkantuff ragen – sind einer der Gründe dafür, dass die Region historisch überaus bedeutsam ist. Sie wurde schon vor Jahrtausenden besiedelt, vor allem von den Hethitern ab 2000 v. Chr., und hat eine eigentümliche Atmosphäre, wie man sie nur dort findet, wo Menschen seit langer Zeit kommen und gehen. Verfolgte erste Christen suchten in tiefen Tälern Zuflucht und schlugen Häuser, Kirchen und Klöster in Berge und hohe Felswände. Zurück ließen sie einen wahren Schatz an byzantinischer Kunst, Höhlendörfern und Untergrundstädten.

Ich wohne in einem Gasthaus in Göreme, einer durchaus hübschen Stadt, die sich allerdings dem Tourismus so sehr ausliefert hat, dass sie dabei wohl ihre Seele verliert. Der Wirt ist ein in Deutschland geborener Anthropologe, der Göreme vor rund dreißig Jahren zum ersten Mal besuchte, um kappadokische Häuser zu studieren. In den wenigen Jahrzehnten danach musste er zusehen, wie das traditionelle Leben in der Stadt vollständig zum Erliegen kam. In den 1980er-Jahren versammelten sich die Frauen mehrerer Haushalte jedes Jahr, um gemeinsam so viel Yufka-Teig zu backen, dass sie das ganze Jahr über versorgt waren. Sie mischten, kneteten und rollten den Teig tagelang ohne Unterlass. Die Frauen waren ganz unter sich, erzählt der Wirt. »Sie machten nicht nur Yufka. Sie knüpften Kontakte, sprachen über ihre Probleme und Meinungsverschiedenheiten, schimpften über ihre Männer und gaben den Jüngeren Ratschläge. Das trug zum Zusammenhalt der Gemeinde bei.«

Der fertige Yufka-Teig war in den trocken-kühlen Felsbehausungen fast unbegrenzt haltbar. Heute ist dieser Brauch wie viele andere althergebrachte Aktivitäten ebenso ausgestorben wie der Fes. Die Leute drängen sich in den Internet-Cafés und Kneipen der Rucksacktouristen oder stehen früh auf, um Besucher in die überfüllten Körbe der Heißluftballons zu pferchen – ein »Muss« für Touristen. Yufka kauft man auf dem Markt. Dennoch träume ich davon, wie der Yufka-Teig wohl schmeckte, den die Frauen zu dünnen, runden Blättern ausrollten und auf heißen Eisenplatten buken. Meine Gedanken laufen Amok, wenn ich mir überlege, was man daraus alles machen könnte.

SELBST GEMACHTE NUDELN MIT RUCOLA, FETA, WALNÜSSEN UND KRÄUTERN

ZUTATEN

100 ml natives Olivenöl extra
3 Knoblauchzehen, fein gehackt
120 g gehackte Walnüsse
1 Büschel Rucola, gewaschen und grob gehackt
1 Büschel glatte Petersilie, gehackt
1 Büschel Dill, gehackt
200 g zerbröckelter Ziegenkäse (Feta)

ERIŞTE-NUDELN

2 Eier, leicht geschlagen
200 ml Vollmilch
400 g Mehl und etwas mehr zum Bestäuben
1 ½ TL Meersalz
60 g feiner Hartweizengrieß

ZUBEREITUNG

Für die Nudeln Eier und Milch in einer Schüssel gut verquirlen. Mehl und Meersalz in eine große Schüssel sieben, den Grieß einrühren und in die Mitte eine Mulde drücken. Die Eier-Milch-Mischung hineingießen und mit einer Gabel umrühren, bis ein weicher Teig entsteht. Diesen auf eine leicht bemehlte Fläche legen und 5 Minuten kneten (oder bis der Teig sämig und elastisch ist). Dann den Teig zu einer Kugel formen, in eine leicht mit Öl bestrichene Schüssel geben und einige Male wenden. Mit Plastikfolie abdecken und beiseitestellen.

Den Teig auf eine leicht bemehlte Fläche legen und in zwei gleich große Stücke teilen. Diese mit der Teigrolle zu 60 x 40 cm großen Rechtecken ausrollen. Jedes Rechteck der Länge nach in drei Teile schneiden. Die Teigscheiben zwischen Schichten aus leicht bemehlten Geschirrtüchern legen und bei Zimmertemperatur 8 Stunden leicht trocknen lassen. Dann auf ein Brett legen, jeden Streifen der Länge nach in 1 cm breite Streifen schneiden und leicht mit Mehl bestreuen.

Salzwasser in einem großen Topf zum Kochen bringen. Nudelteig dazugeben und 5–6 Minuten kochen (oder bis sie al dente sind). Gut abtropfen lassen und beiseitestellen; etwa 125 ml des Kochwassers aufheben.

In der Zwischenzeit das Olivenöl in einer großen, tiefen Bratpfanne bei mittlerer Temperatur erhitzen. Den Knoblauch und die Walnüsse dazugeben und 3 Minuten (oder bis der Knoblauch duftet) garen. Anschließend Rucola, Petersilie und Dill dazugeben und 1–2 Minuten umrühren (oder bis die Blätter zusammenfallen). Die gekochten Nudeln dazugeben und so viel Kochflüssigkeit hineingießen, dass sie feucht bleiben. Den Feta dazugeben und behutsam vermengen. Die Nudeln auf den Serviertellern verteilen und sofort servieren. **Ergibt 4 Portionen.**

FETA-POĞAÇA MIT DILL UND ZITRONE

ZUTATEN

250 ml Vollmilch
80 g Butter
55 g Kristallzucker
125 ml Wasser
3 TL Trockenhefe
1 Ei, leicht geschlagen
¼ Tasse gehackter Dill
fein gemahlene Schale von 2 unbehandelten Zitronen
675 g Mehl
2½ TL Meersalz
200 g Fetakäse, gewürfelt

ZUBEREITUNG

Die Milch und die Butter in einem kleinen Topf bei schwacher Hitze leicht erwärmen, dann vom Herd nehmen und beiseitestellen.

Den Zucker und 125 ml lauwarmes Wasser in einer kleinen Schüssel vermengen und die Hefe darübersprenkeln. Etwa 8 Minuten (oder bis sich Schaum bildet) beiseitestellen.

Hefe und Milchmischung in einer großen Schüssel vermengen, Ei, Dill und Zitronenschale dazugeben und gut vermengen. 600 g vom Mehl und das Salz hineinleeren und umrühren, bis ein grober Teig entsteht. Ein wenig vom restlichen Mehl hineinleeren, falls der Teig zu feucht ist – er sollte immer noch etwas weich sein, also nicht zu viel Mehl verwenden. Dann den Teig auf eine leicht bemehlte Fläche legen, 5–6 Minuten kneten (oder bis er sämig und elastisch ist), zu einer Kugel formen und in eine leicht mit Öl bestrichene Schüssel geben. Mehrere Male wenden. Mit Frischhaltefolie abdecken und eine Stunde (oder bis er sein Volumen verdoppelt hat) an einen warmen, zugfreien Platz stellen.

Das Backrohr auf 180°C vorheizen und zwei Backbleche leicht einfetten. Den Teig auf einer leicht bemehlten Fläche durchkneten und in 12 gleich große Stücke teilen. Jedes Stück mit den Händen zu einer Kugel formen. Jede Kugel zu einer Scheibe flach drücken und die Fetawürfel auf die Scheiben verteilen. Die Ränder jeder Scheibe zusammenführen, so dass erneut eine Kugel – mit dem Feta im Inneren – entsteht. Die Kugeln zum Glätten über die Fläche rollen, dann auf die Backbleche legen, locker mit einem feuchten Geschirrtuch abdecken und 30 Minuten beiseitestellen (oder bis sie leicht aufgegangen sind).

Im Backrohr 20 Minuten backen (oder bis sie goldbraun und durchgebacken sind). Dann auf ein Kuchengitter legen und bei Zimmertemperatur servieren. Poğaça schmecken am Backtag am besten, aber sie halten in einem luftdichten Behälter im Kühlschrank bis zu vier Wochen. **Ergibt 12 Portionen.**

MANTI MIT HUHN UND AUGENBOHNEN

ZUTATEN

135 g Augenbohnen, über Nacht eingeweicht und abgetropft

2 EL natives Olivenöl extra

1 Zwiebel, fein gehackt

4 Knoblauchzehen, zerstoßen

2½ EL Tomatenmark

1 TL gemahlener Piment

1 EL süßes Paprikapulver

4 x 300 g Hühnerkeulenviertel

400 g gehackte Tomaten aus der Dose

4 Oreganozweige

Meersalz

frisch gemahlener schwarzer Pfeffer

80 g zerlassene Butter zum Bestreichen

1 TL getrocknete Chiliflocken (oder nach Geschmack)

1 Tasse glatte Petersilie, gehackt

Joghurt türkischer Art als Beilage

YUFKA-TEIG

300 g Mehl

½ TL Meersalz

2 Eier, leicht geschlagen

125 ml Wasser

ZUBEREITUNG

Die Bohnen in einen Topf leeren und Wasser hineingießen, bis sie eben bedeckt sind. Dann zum Kochen bringen. Die Hitze auf schwach reduzieren und 35 Minuten (oder bis die Bohnen weich sind) sieden lassen. Gut abtropfen lassen und beiseitestellen. 250 ml der Kochflüssigkeit aufheben.

Für den Yufka-Teig Mehl und Salz in eine große Schüssel leeren und in die Mitte eine Mulde drücken. Die Eier in einer Schüssel gut mit 125 ml Wasser vermengen, ins Mehl gießen und mit den Händen vermengen, bis ein weicher Teig entsteht. Wenn nötig, etwas Wasser nachgießen. Den Teig auf eine leicht bemehlte Fläche legen und 3 Minuten kneten (oder bis er sämig und elastisch ist). In eine leicht mit Öl bestrichene Schüssel geben, mit Alufolie abdecken und 30 Minuten in den Kühlschrank stellen.

Für die Füllung das Olivenöl in einem großen Topf bei mittlerer Temperatur erhitzen. Zwiebel und Knoblauch dazugeben und 5 Minuten (oder bis sie etwas weich sind) garen. Tomatenmark, Piment und die Hälfte des Paprikapulvers dazugeben und 1–2 Minuten (oder bis die Mischung duftet) verrühren. Das Huhn, die Tomaten, die aufgehobene Kochflüssigkeit und den Oregano dazugeben. Zum Sieden bringen und bei schwacher Hitze 50 Minuten (oder bis das Huhn butterweich ist) kochen. Dann das Huhn aus dem Topf nehmen, abkühlen lassen, bis Sie es in die Hand nehmen können, das Fleisch auslösen und Haut und Knochen wegwerfen. Das Fleisch grob schnetzeln. Übermäßiges Fett von der Tomatenmischung abschöpfen, die Bohnen hineinleeren und 10–15 Minuten sieden lassen (oder bis die Mischung ein wenig eingedickt ist). Die Oreganozweige herausnehmen und das Hühnerfleisch wieder in den Topf leeren. Mit Meersalz und frisch gemahlenem schwarzem Pfeffer würzen, dann den Topf zudecken und weitere 5–10 Minuten kochen (oder bis alles gut heiß ist).

Das Backrohr auf 180 °C vorheizen und ein großes Backblech leicht einfetten. Den Teig in vier gleich große Stücke teilen. Diese nacheinander mit der Teigrolle auf einer leicht bemehlten Fläche zu 36 x 22 cm großen Rechtecken ausrollen. Jedes Rechteck der Breite nach teilen, dann in etwa 1½ cm breite Streifen schneiden. Diese auf das Backblech legen und gut mit der zerlassenen Butter bestreichen. Portionsweise im Backrohr 12–15 Minuten backen (oder bis sie goldbraun und knusprig sind). Die gebackenen Streifen in flache Schüsseln legen und die Hühnermischung darüberlöffeln. Die restliche Butter erhitzen, bis sie schäumt, dann das restliche Paprikapulver und die Chiliflocken dazugeben und das Ganze über die Hühnersoße geben und mit der Petersilie besprenkeln. Mit Joghurt als Beilage servieren. **Ergibt 4 Portionen.**

Viele halten Pide für eine Pizza oder ein türkisches Fladenbrot. In Wirklichkeit ist »Pide« ein Sammelbegriff für mehrere Arten von Brotlaiben, die überall in der Türkei gegessen werden. Man backt sie bei großer Hitze, oft in Holzöfen, und sie sind knusprig und fest. Es ist schwierig, echte Pide zu Hause zu backen; aber diese Variante ist einfach und schmeckt wunderbar.

PIDE

ZUTATEN

- 250 ml Vollmilch und etwas mehr zum Bestreichen
- 60 g Butter
- 1½ EL Kristallzucker
- 125 ml Wasser
- 2 TL getrocknete Hefe
- 675 g Mehl
- 2 TL Meersalz
- 2 EL Schwarzkümmel oder Sesamsamen

ZUBEREITUNG

Die Milch und die Butter in einem kleinen Topf bei niedriger Temperatur erhitzen, bis die Mischung lauwarm ist. Dann vom Herd nehmen und beiseitestellen.

Den Zucker und 125 ml lauwarmes Wasser in einer kleinen Schüssel vermengen und die Hefe darübersprenkeln. Etwa 8 Minuten (oder bis sich Schaum bildet) beiseitestellen.

Hefe und Milchmischung in einer großen Schüssel vermengen und Mehl und Salz dazugeben. Dann verrühren, bis ein grober Teig entsteht. Diesen auf eine leicht bemehlte Fläche legen und 6–7 Minuten kneten (oder bis er sämig und elastisch ist). Dann den Teig zu einer Kugel formen und in eine leicht mit Öl bestrichene Schüssel geben. Mehrere Male wenden. Mit Frischhaltefolie abdecken und eine Stunde (oder bis der Teig sein Volumen verdoppelt hat) an einen warmen, zugfreien Platz stellen.

Das Backrohr auf 200 °C vorheizen und ein großes Backblech leicht einfetten. Den Teig auf einer leicht bemehlten Fläche durchwirken und in zwei Hälften teilen. Jede Hälfte mit einer Teigrolle zu einer etwa 4 cm dicken Scheibe mit 22 cm Durchmesser ausrollen. Locker mit einem Geschirrtuch abdecken und bei Zimmertemperatur 30 Minuten (oder bis der Teig leicht aufgegangen ist) stehen lassen.

Jede Scheibe mit Milch bestreichen und mit einem sehr scharfen Messer flache, 4 cm lange Rauten in den Teig schneiden. Mit Schwarzkümmel oder Sesamsamen bestreuen, dann 30–35 Minuten backen (oder bis die Scheiben goldbraun und durchgebacken sind). Auf einem Kuchengitter abkühlen lassen. **Ergibt 2 Laibe.**

Mantı sind die Ravioli Anatoliens. Gewiss, ihre Zubereitung ist etwas knifflig, weil man den Teig dünn ausrollen und in papierdünne Rechtecke schneiden muss, die dann mit ganz wenig Fleisch gefüllt und zu hübschen Päckchen gefaltet werden. Aber die Mühe lohnt sich, denn Mantı schmecken köstlich mit Joghurt und Kräuter-Gewürz-Butter.

KLASSISCHE MANTI

ZUTATEN

400 g Hackfleisch vom Lamm oder Rind
1 kleine Zwiebel, fein gehackt
1 Knoblauchzehe, zerstoßen
100 g Butter
2 TL Paprikapulver
2 TL getrocknete Minze
1 TL getrocknete Chiliflocken (oder nach Geschmack)
500 g Joghurt türkischer Art

YUFKA-TEIG

300 g Mehl
1 TL Meersalz
2 Eier, leicht geschlagen
125 ml Wasser

ZUBEREITUNG

Für den Yufka-Teig Mehl und Salz in eine große Schüssel leeren und in die Mitte eine Mulde drücken. Das Ei in einer Schüssel gut mit 125 ml Wasser vermengen. Das Mehl dazugeben und mit den Händen vermengen, bis ein weicher Teig entsteht. Wenn nötig, etwas Wasser nachgießen. Den Teig auf eine leicht bemehlte Fläche legen und 3 Minuten kneten (oder bis er sämig und elastisch ist). Dann den Teig in eine leicht mit Öl bestrichene Schüssel geben, mit Frischhaltefolie abdecken und 30 Minuten in den Kühlschrank stellen.

Für die Füllung Fleisch, Zwiebel und Knoblauch in einer Schüssel vermengen, gut mit Meersalz und frisch gemahlenem schwarzem Pfeffer würzen und diese Zutaten mit den Händen gut vermengen, bis die Mischung sämig ist.

Den Teig in 4 gleich große Stücke teilen und mit einem feuchten Geschirrtuch abdecken, damit er nicht austrocknet. Zwei Backbleche mit Backpapier auslegen. Jedes Teigstück auf einer leicht bemehlten Fläche zu einem großen, papierdünnen Rechteck ausrollen. Die Teigrolle leicht mit Mehl bestäuben, damit der sehr dünne Teig nicht reißt. Mit einem großen, scharfen Messer die Ränder des Rechtecks begradigen, dann das Teigstück in Quadrate mit 4 cm Seitenlänge schneiden. Jeweils aus ½ Teelöffel Füllung eine kleine Kugel formen. In die Mitte jedes Quadrats einen Fleischball legen. Die vier Ecken zur Mitte hin hochklappen und den Teig dort flach drücken, sodass eine Tasche mit Säumen an jeder Seite entsteht. Die Taschen auf die Backbleche legen und abdecken.

Wasser in einem großen Topf zum Kochen bringen und die Manti portionsweise 4–5 Minuten kochen (oder bis sie an die Oberfläche steigen und die Füllung durchgegart ist). Gut abtropfen lassen und auf warme Servierteller verteilen.

Die Butter bei mittlerer bis großer Hitze in einer Bratpfanne zum Schmelzen bringen, bis sie brutzelt, dann Paprika, Minze und Chiliflocken dazugeben und 30 Sekunden braten. Zum Schluss den Joghurt über die Mantı löffeln, Butter daraufträufeln und sofort servieren. **Ergibt 4 Portionen.**

GEMÜSE UND SALATE

In der Türkei herrscht kein Mangel an Lebensmitteln. Es ist eines der Länder der Welt, das mehr produziert, als es selbst verbraucht. Die türkische Küche richtet sich nach den Jahreszeiten und verwendet Zutaten aus der Region. Ein Bummel durch einen türkischen Markt ist eine Freude – im Spätsommer sind die Tomaten und Paprikaschoten so reif, dass sie fast platzen, und im Frühling sind Artischocken, Lauch und Grünzeug dick und saftig. Die typische türkische Kost besteht zu einem Großteil aus Gemüse, und dieses wird so zubereitet, dass es intensiv und unvergesslich gut schmeckt – vor allem nach sich selbst.

SALAT AUS BIRNEN, IN PEKMEZ GERÖSTET, FETA, BRUNNENKRESSE UND HASELNÜSSEN

ZUTATEN

6 Forellenbirnen
1½ EL Pekmez (siehe Anmerkung S. 73)
1 EL natives Olivenöl extra
90 g Brunnenkresse
200 g Fetakäse oder Ziegenkäse, gerieben
70 g Haselnüsse, geröstet, geschält und gehackt

SALATSOSSE

2 EL Rotweinessig
1 Knoblauchzehe, zerstoßen
2 EL Pekmez
1 TL Kreuzkümmel, trocken geröstet und zerstoßen
125 ml natives Olivenöl extra
Meersalz
frisch gemahlener schwarzer Pfeffer

ZUBEREITUNG

Das Backrohr auf 180 °C vorheizen. Die ungeschälten Birnen der Länge nach halbieren und das Kerngehäuse entfernen. Die Hälften der Länge nach in Drittel schneiden und diese einschichtig in eine Backform legen. Mit Pekmez und Olivenöl beträufeln und etwa 30 Minuten rösten – einmal wenden –, bis die Birnen sehr weich und goldbraun sind und die Röstflüssigkeit teilweise verdunstet und klebrig ist. Dann aus dem Rohr nehmen und auf Zimmertemperatur abkühlen lassen.

In der Zwischenzeit die Salatsoße zubereiten: Essig, Knoblauch, Pekmez und Kreuzkümmel in einer kleinen Schüssel gut vermengen. Bei ständigem Umrühren das Olivenöl langsam und in dünnem Strom hineingießen, dann mit Meersalz und Pfeffer würzen.

Die Brunnenkresse auf einem Servierteller verteilen, dann darüber die Birnen, den Käse und die Haselnüsse anrichten. Die Soße darüberträufeln und servieren. **Ergibt 6 Portionen.**

BORLOTTI-BOHNEN-PILAKI

ZUTATEN

300 g getrocknete Borlotti-Bohnen, über Nacht eingeweicht und abgetropft
80 ml Olivenöl
2 Zwiebeln, gehackt
3 Knoblauchzehen, fein gehackt
1 Karotte, fein gehackt
1 rote Paprikaschote ohne Haut und Kerne, fein gehackt
2½ TL süßes Paprikapulver
1½ TL türkische Pfefferpaste (siehe Anmerkung S. 13)
1 EL Kristallzucker
Meersalz
frisch gemahlener schwarzer Pfeffer
1 Handvoll glatte Petersilie, gehackt
natives Olivenöl extra zum Servieren

ZUBEREITUNG

Die Bohnen in eine Schüssel schütten und knapp mit Wasser bedecken. Zum Sieden bringen und bei mittlerer Hitze 30–40 Minuten (oder bis sie etwas weich sind) kochen. Gut abtropfen lassen.

In der Zwischenzeit das Olivenöl in einem großen Topf erhitzen, Zwiebeln, Knoblauch, Karotte und Paprikaschote dazugeben und unter Umrühren 15 Minuten garen (oder bis das Gemüse weich ist). Paprikapulver und Pfefferpaste dazugeben und weitere 2 Minuten garen. Dabei gut umrühren. Dann die abgetropften Bohnen und den Zucker dazugeben sowie Wasser einfüllen, bis die Bohnen knapp bedeckt sind. Bei schwacher Hitze 1–1½ Stunden sieden lassen (oder bis die Bohnen weich sind und die Flüssigkeit teilweise verdunstet ist – Sie machen keine Bohnensuppe!). Mit Meersalz und frisch gemahlenem schwarzem Pfeffer würzen, dann vom Herd nehmen und auf Zimmertemperatur abkühlen lassen. Die Petersilie einrühren, mit etwas zusätzlichem Olivenöl beträufeln und servieren. **Ergibt 6 Portionen.**

BOHNEN MIT OKRA

ZUTATEN

2½ EL natives Olivenöl extra
1 Zwiebel, fein gehackt
2 Knoblauchzehen, zerstoßen
350 g grüne Bohnen, Stielansatz entfernt
350 g kleine Okraschoten, Stielansatz entfernt
2 TL Tomatenmark
800 g gehackte Tomaten aus der Dose
3 TL Zucker
Meersalz
frisch gemahlener schwarzer Pfeffer
Dillzweige zum Servieren

ZUBEREITUNG

Das Olivenöl bei mittlerer Temperatur in einem großen Topf erhitzen. Die Zwiebel und den Knoblauch dazugeben und 5–7 Minuten garen (oder bis das Gemüse etwas weich ist). Bohnen, Okraschoten und Tomatenmark dazugeben und unter Umrühren 2 Minuten garen. Die Tomaten und den Zucker dazugeben, zum Sieden bringen, dann die Hitze auf schwach reduzieren. Den Topf zudecken und 10 Minuten köcheln lassen. Den Deckel abnehmen und die Bohnen weitere 20 Minuten sieden lassen (oder bis die Flüssigkeit teilweise verdunstet und die Mischung dick geworden ist). Vom Herd nehmen und auf Zimmertemperatur abkühlen lassen. Mit Meersalz und frisch gemahlenem schwarzem Pfeffer würzen und mit dem Dill als Garnierung sofort servieren. **Ergibt 6 Portionen.**

FRITTIERTE ZUCCHINI

ZUTATEN

750 g Zucchini, geputzt und grob geraspelt
1 ½ TL Meersalz
125 ml natives Olivenöl extra
1 große Zwiebel, fein gehackt
2 Knoblauchzehen, fein gehackt
110 g Mehl, gesiebt
1 TL Backpulver
3 Eier, leicht geschlagen
225 g geriebener Fetakäse
⅓ Tasse gehackte glatte Petersilie
¼ Tasse gehackter Dill
Joghurt türkischer Art als Beilage

ZUBEREITUNG

Die geraspelte Zucchini in ein Sieb schütten, mit dem Salz bestreuen, gut vermengen und 20 Minuten beiseitestellen. Die Zucchini mit den Händen gut ausdrücken, um so viel Saft wie möglich zu entfernen.

2 Esslöffel Olivenöl bei mittlerer Temperatur in einer großen Bratpfanne erhitzen. Zwiebel und Knoblauch dazugeben und 6–7 Minuten (oder bis sie etwas weich sind) garen. Zucchini dazugeben und unter Umrühren weitere 4–5 Minuten garen (oder bis die Raspeln sich zu färben beginnen). Vom Herd nehmen, in eine große Schüssel leeren und leicht abkühlen lassen. Das Mehl, das Backpulver, die Eier, den Feta, die Petersilie und den Dill dazugeben und gut vermengen. Mit Meersalz und frisch gemahlenem schwarzem Pfeffer würzen.

Das restliche Öl bei mittlerer Temperatur in einer sauberen Bratpfanne erhitzen, dann gehäufte Esslöffel der Zucchinimischung portionsweise auf jeder Seite 3–4 Minuten (oder bis sie goldbraun ist) garen. Auf Küchenpapier gut abtropfen lassen und sofort mit dem Joghurt servieren. **Ergibt etwa 16 Portionen.**

Variante: Anstelle der Zucchini können Sie auch 600 g geraspelte Möhren verwenden, in einem sauberen Geschirrtuch trocken gepresst. Sie können auch 100 g grob gehackte getrocknete Aprikosen dazugeben oder Kashkaval anstelle des Feta verwenden. Bei dieser Variante können Sie den Dill weglassen.

L.AYVALIK

WILDES GRÜNGEMÜSE IN AYVALIK

Obwohl ich seit mehreren Monaten in der Türkei bin, habe ich es nur einmal bis zur Küste geschafft – ein echter Fauxpas, denn das Land grenzt an nicht weniger als vier Meere: an das Schwarze Meer, das Ägäische Meer, das Mittelmeer und das Marmarameer. Immerhin bin ich jetzt im hübschen Fischerdorf Ayvalık an der ägäischen Nordwestküste, diesmal nicht allein, sondern mit einer Reisegruppe. Ich hasse Gruppenreisen leidenschaftlich; aber da dies eine Slowfood-Gruppe aus Istanbul ist, könnte die Fahrt lehrreich werden.

Wir wollen alles über das wilde Grüngemüse erfahren, das hier in den Frühlings- und Sommermonaten sprießt. Überall an der Küste und im Hinterland sammeln die Frauen viele verschiedene Pflanzen, welche die meisten von uns als Unkraut bezeichnen würden. Hier gibt es Dutzende von essbaren wilden Gemüsearten, und die Menschen in dieser Region nutzen sie seit Langem, um sich nach einem Winter mit wenig Frischkost endlich mit Vitaminen zu versorgen. Wir essen im Haus eines Olivenölproduzenten zu Mittag, und während wir uns draußen entspannen, schauen wir einer Frau zu, die unter Bäumen herumstöbert. Bewaffnet mit einem kleinen Messer, gleitet ihre Hand durchs Gras. Zwischendurch macht sie eine Pause, um einige grüne Pflanzen abzuschneiden und in einen großen Beutel zu stopfen. Innerhalb von zwanzig Minuten ist der Beutel mit Kräutern aller Art gefüllt – es gibt Dutzende von Arten. Sie erzählt uns, dass sie jedes Kraut separat etwa 15 Minuten kocht und dann mit Joghurt oder Knoblauch, Zitronensaft und Olivenöl als Salat anmacht. Die Kräuter wachsen überall, sagt sie und breitet die Arme aus. Ich bewundere ihr Geschick – alles, was am Boden wächst, ist für mich wenig verheißungsvoll.

Später besuchen wir den Markt und staunen über die Fülle von Wildgemüse. Es gibt Dutzende unterschiedlicher Sorten, hoch aufgetürmt zwischen den altbekannten Artischocken, Lauchstangen und Karotten. Man bekommt wilden Fenchel, wilden Sareptasenf, Malven, Meerfenchel, wilden Chicorée und Nesseln. Wir sehen wilden Rettich, wilden Knoblauch, wilden Spargel, mehrere Distelarten, wilden Ampfer und Sauerampfer. Manche Gemüsearten werden in Salate gemischt, mit anderen verfeinert man Suppen oder füllt damit Börek, Omeletten oder Bazlama, in der Grillpfanne gebackenes Fladenbrot.

Es ist herrlich, durch diese Märkte zu bummeln und Speisen zu probieren, die ich nie zuvor gegessen habe. Selbst in Begleitung fremder Leute.

Dies ist eines der berühmtesten Gerichte im großen türkischen Auberginen-Repertoire. Der Name bedeutet »Der Imam fiel in Ohnmacht« – angeblich, weil die Zutaten so teuer sind (aber wohl eher wegen des vielen Olivenöls). Als Meze schmecken sie großartig.

IMAM BAYILDI

ZUTATEN

1 kg Baby-Auberginen
250 ml natives Olivenöl extra
3 große Zwiebeln, in dünne Scheiben geschnitten
3 Knoblauchzehen, gehackt
500 g reife, aber feste Tomaten
2 EL gehackten Dill und etwas mehr zum Servieren
2 EL gehackte glatte Petersilie
Meersalz
frisch gemahlener schwarzer Pfeffer
60 ml frisch gepresster Zitronensaft
2½ TL Zucker
60 ml Wasser

ZUBEREITUNG

Mit einem Schälmesser in Abständen von 2 cm Streifen von den Auberginen lösen und dann der Länge nach einen sehr tiefen Schlitz in jede Aubergine schneiden – aber nicht durchschneiden und die Enden intakt lassen. Die Auberginen in eine große Schüssel mit Salzwasser tauchen – wenn Sie einen Teller darüberlegen, bleiben sie unten – und 20–30 Minuten stehen lassen. Gut abtropfen lassen und mit Küchenpapier trocken tupfen.

2 Esslöffel Olivenöl bei mittlerer bis niedriger Temperatur in einem großen Topf erhitzen. Zwiebeln und Knoblauch dazugeben und 7–8 Minuten (oder bis sie etwas weich sind) garen. Vom Herd nehmen und abkühlen lassen.

Ein kleines Kreuz unten in jede Tomate schneiden und die Tomaten in einem Topf mit kochendem Wasser 1–2 Minuten abbrühen. Gut abtropfen lassen, dann schälen und die Kerne entfernen. Das Fleisch fein hacken. Mit der Zwiebelmischung, dem Dill und der Petersilie in einer Schüssel vermengen und mit Meersalz und frisch gemahlenem schwarzem Pfeffer würzen.

Weitere 2 Esslöffel Öl bei mittlerer Temperatur in einer großen, tiefen Bratpfanne erhitzen. Die Pfanne muss so groß sein, dass die Auberginen einschichtig hineinpassen. Die Auberginen hineinlegen und 7–8 Minuten (oder bis sie ein wenig weicher sind) garen. Oft wenden. Dann herausnehmen und abkühlen lassen.

Die Tomaten-Zwiebel-Mischung durch die Schlitze in die Auberginen drücken, bis sie vollständig gefüllt sind; dann die gefüllten Auberginen wieder in die Bratpfanne legen. Die restliche Zwiebelmischung zusammen mit dem Zitronensaft, dem Zucker und dem restlichen Öl über die Auberginen sprenkeln. 60 ml Wasser in die Pfanne gießen und bei schwacher Hitze zum Sieden bringen. Die Pfanne mit einem dicht sitzenden Deckel zudecken und 60–70 Minuten kochen (oder bis die Auberginen weich sind). Vom Herd nehmen und auf Zimmertemperatur abkühlen lassen. Vor dem Servieren den zusätzlichen Dill darüberstreuen. **Ergibt 6 Portionen.**

TOPIK

ZUBEREITUNG

Die Kichererbsen in kochendem Salzwasser 45 Minuten (oder bis sie weich sind) garen. Gut abtropfen lassen und 80 ml Kochflüssigkeit aufheben. Die abgekühlten Kichererbsen in einem Geschirrtuch kräftig abreiben, um die Haut zu lösen. So viele Häute wie möglich entfernen, um die Konsistenz des Gerichts zu verbessern.

Die Kichererbsen, die Kochflüssigkeit und 80 ml Olivenöl mit einer Küchenmaschine vermengen – wenn nötig, portionsweise –, bis ein sämiger Brei entsteht. Die Kartoffeln durch eine Presse drücken oder fein stampfen und nach und nach mit den Kichererbsen in der Küchenmaschine etwas vermengen. Mit Meersalz und frisch gemahlenem schwarzem Pfeffer würzen und beiseitestellen.

Das restliche Öl bei mittlerer Temperatur in einem Topf erhitzen. Zwiebeln und Knoblauch dazugeben und 6–7 Minuten garen. Rosinen, Pistazien, Gewürze und Tahin dazugeben und 2 Minuten garen. Gut umrühren. Dann vom Herd nehmen und abkühlen lassen. Nach Geschmack würzen und die Petersilie einrühren. Eine Brotbackform leicht mit Öl bestreichen. Die Hälfte der Kichererbsenmischung in die Form geben und glatt verstreichen. Dann mit der Zwiebelmischung die zweite Schicht formen. Die restliche Kichererbsenmischung obenauf verteilen und glätten. Mit Plastikfolie abdecken und mindestens 3 Stunden oder über Nacht in den Kühlschrank stellen. Vor dem Servieren den Topik aus der Form holen und in Scheiben schneiden. **Ergibt 6–8 Portionen.**

ZUTATEN

- 275 g getrocknete Kichererbsen, über Nacht eingeweicht und abgetropft
- 125 ml natives Olivenöl extra und etwas mehr zum Einfetten
- 350 g vorwiegend festkochende Kartoffeln, geschält, halbiert und gekocht
- Meersalz
- frisch gemahlener schwarzer Pfeffer
- 2 Zwiebeln, fein gehackt
- 2 Knoblauchzehen, zerstoßen
- 40 g Rosinen, gehackt
- 50 g Pistazien, gehackt
- ½ TL gemahlener Zimt
- ½ TL gemahlener Piment
- 2 EL Tahin (Sesampaste)
- 2½ EL gehackte glatte Petersilie

REGENBOGENMANGOLD MIT ESSIG

ZUBEREITUNG

Die Mangoldstiele in 1 cm dicke Stücke schneiden. Die Blätter in große Stücke zerreißen und beiseitestellen.

Das Olivenöl bei mittlerer bis niedriger Temperatur in einem großen Topf erhitzen, die gehackten Stiele, den Knoblauch und den Kreuzkümmel hineinleeren und 5 Minuten (oder bis alles ein wenig weich ist) garen. Dann die Mangoldblätter und den Essig dazugeben, die Pfanne zudecken und bei mittlerer bis großer Hitze 3–4 Minuten (oder bis die Blätter zusammenfallen) garen. Vom Herd nehmen, so viel Flüssigkeit wie möglich abseihen, dann das Gemüse beiseitestellen und warm halten. Die Kochflüssigkeit wieder in die Pfanne gießen und 4–5 Minuten (oder bis sie teilweise verdunstet ist) sieden lassen. Den Mangold in eine Schüssel leeren und mit Meersalz und frisch gemahlenem schwarzem Pfeffer würzen. Die restliche Kochflüssigkeit darübersprenkeln. Warm oder bei Zimmertemperatur servieren. **Ergibt 6–8 Portionen.**

ZUTATEN

- 1½ kg Regenbogenmangold, Stiele abgeschnitten, gespült und getrocknet
- 80 ml natives Olivenöl extra
- 3 Knoblauchzehen, in dünne Scheiben geschnitten
- 1 TL Kreuzkümmel
- 80 ml Rotweinessig
- Meersalz
- frisch gemahlener schwarzer Pfeffer

AUBERGINEN MIT JOGHURT-WALNUSS-FÜLLUNG UND TOMATEN-GRANATAPFEL-SOSSE

ZUTATEN

900 g Auberginen
1½ EL Meersalz
Olivenöl zum Kochen
120 g Babyspinatblätter
200 g Ziegenquark
250 g Joghurt türkischer Art
1 Knoblauchzehe, fein gehackt
35 g Walnusshälften, fein gehackt
½ Bund glatte Petersilie, fein gehackt
Meersalz
frisch gemahlener schwarzer Pfeffer

SOSSE

1 kg feste, reife Tomaten
60 ml natives Olivenöl extra
2 Zwiebeln, fein gehackt
3 Knoblauchzehen, fein gehackt
1½ EL Tomatenmark
3 TL Kristallzucker
1 Zimtstange
1 EL Granatapfelsirup
(siehe Anmerkung S. 24)
Meersalz
frisch gemahlener schwarzer Pfeffer

ZUBEREITUNG

Für die Soße ein kleines Kreuz unten in die Tomaten schneiden und die Tomaten 1–2 Minuten in einem Topf mit kochendem Wasser abbrühen. Abtropfen lassen und sofort in eine Schüssel mit kaltem Wasser tauchen. Gut abtropfen lassen, dann die Schalen entfernen und das Fleisch fein hacken.

Das Olivenöl bei mittlerer Temperatur in einem Topf erhitzen. Die Zwiebeln und den Knoblauch dazugeben und 4–5 Minuten (oder bis sie etwas weich sind) garen. Das Tomatenmark dazugeben und unter Umrühren eine Minute garen; dann Tomaten, Zucker und Zimt dazugeben. Zum Sieden bringen, dann die Hitze auf schwach reduzieren und etwa 30 Minuten (oder bis die Soße dick ist) köcheln. Vom Herd nehmen und auf Zimmertemperatur kühlen. Die Zimtstange herausnehmen und den Granatapfelsirup dazugeben. Mit Meersalz und frisch gemahlenem schwarzem Pfeffer würzen. Bis zum Servieren beiseitestellen.

Die Auberginen der Länge nach in 1½ cm dicke Scheiben schneiden. Diese schichtweise in ein großes Sieb legen und jede Schicht leicht mit Salz bestreuen. Das Sieb 30 Minuten über einen Abfluss stellen, dann gut spülen und mit Küchenpapier trocken tupfen. Einen Grill auf mittlere Temperatur erhitzen. Die Auberginenscheiben großzügig mit Olivenöl bestreichen und dann portionsweise auf jeder Seite 2–3 Minuten grillen (oder bis sie goldbraun sind). Die gegrillten Auberginen auf einen großen Teller legen und abkühlen lassen.

In der Zwischenzeit die Füllung zubereiten: Die Spinatblätter in einen Topf geben, mit einem dichten Deckel zudecken und bei mittlerer Hitze 2–3 Minuten garen (oder bis sie anfangen zusammenzufallen). Dann mit den Händen möglichst viel Flüssigkeit herausdrücken. Den Spinat fein hacken und mit dem Quark, Joghurt, Knoblauch, den Walnüssen und der Petersilie in eine Schüssel geben. Gut vermengen und mit Meersalz und frisch gemahlenem schwarzem Pfeffer würzen.

Eine Auberginenscheibe nach der anderen so auf eine saubere Unterlage legen, dass die kurze Seite Ihnen zugewandt ist. Einen gehäuften Esslöffel der Füllung in einer dicken Linie entlang einer Kante verteilen, dann der Länge nach aufrollen.

Die Rolle auf einen Servierteller legen und die abgekühlte Soße darauflöffeln. Sofort servieren. Sie können die Rollen auch im Voraus zubereiten, mit Plastikfolie abdecken und bis zu 6 Stunden in den Kühlschrank stellen. Die Soße können Sie bis zu 2 Tage im Voraus zubereiten, in einem luftdichten Behälter in den Kühlschrank stellen und vor dem Servieren auf Zimmertemperatur erwärmen. **Ergibt 6 Portionen.**

LINSEN-MINZE-FETA-SALAT MIT GRANATAPFELSOSSE

ZUTATEN

325 g braune oder grüne Linsen
2 rote Zwiebeln, geschält (Wurzelenden intakt lassen)
2½ EL Olivenöl
50 g Walnusshälften, grob gehackt
80 g entsteinte grüne Oliven, gewaschen
1 Handvoll glatte Petersilie, gehackt (optional)
1 Tasse Minzenblätter
100 g Babyspinatblätter
Meersalz
frisch gemahlener schwarzer Pfeffer
200 g Feta-Käse

GRANATAPFELSOSSE

1 TL Kreuzkümmel
2 Knoblauchzehen, sehr fein gehackt
1 EL Granatapfelsirup (siehe Anmerkung S. 24)
½ TL Kristallzucker
1 große Msp. getrocknete Chiliflocken
125 ml natives Olivenöl extra
2 TL frisch gepresster Zitronensaft
Meersalz
frisch gemahlener schwarzer Pfeffer

ZUBEREITUNG

Für die Soße den Kreuzkümmel bei schwacher Hitze 2 Minuten (oder bis er duftet) in einer schweren Bratpfanne trocken rösten und dabei die Pfanne schütteln. Dann den Kümmel mit Mörser und Stößel grob zerstoßen und in einer Schüssel mit dem Knoblauch, Granatapfelsirup, Zucker und den Chili gut vermengen. Unter ständigem Rühren das Olivenöl in langsamem, stetigem Strom hineingießen, dann den Zitronensaft mit der Mischung vermengen. Mit Meersalz und frisch gemahlenem schwarzem Pfeffer würzen und beiseitestellen.

Die Linsen in einen Topf leeren und Wasser hineingießen, bis sie knapp bedeckt sind. Zum Kochen bringen, dann die Hitze auf schwach reduzieren, den Topf teilweise zudecken und die Linsen 25–30 Minuten (oder bis sie etwas weich sind) kochen. Nicht verkochen, damit kein Brei entsteht. Gut abtropfen lassen und auf Zimmertemperatur abkühlen lassen.

In der Zwischenzeit einen Grill auf mittlere Temperatur erhitzen. Die Zwiebeln der Länge nach in Hälften schneiden, dann jede Hälfte in 5 mm dicke Spalten schneiden. Die Zwiebeln behutsam mit dem Öl vermengen, dann portionsweise auf jeder Seite 3–4 Minuten (oder bis sie weich und leicht gebräunt sind) garen. Vom Herd nehmen und abkühlen lassen.

Die abgekühlten Linsen, Zwiebeln, Walnüsse, Oliven, Petersilie und Minze in einer großen Schüssel vermengen und die Spinatblätter dazugeben. Mit Meersalz und frisch gemahlenem schwarzem Pfeffer würzen. Alles behutsam vermengen. Dann in die Servierschüsseln verteilen, mit dem Feta bestreuen und kurz vor dem Servieren mit der Soße beträufeln. **Ergibt 4–6 Portionen.**

Dies ist ein typisches Beispiel für ein türkisches Gemüsegericht mit reichlich Olivenöl, das die göttlichen Aromen der wichtigsten Gemüsezutaten und frischen Kräuter verstärkt. Man serviert es am besten bei Zimmertemperatur.

ARTISCHOCKEN, KNOLLENSELLERIE UND KAROTTEN IN OLIVENÖL

ZUTATEN

- 8 Artischocken, Stiele auf 3 cm Länge stutzen
- 125 ml frisch gepresster Zitronensaft
- 3 TL Mehl
- 8 Perlwiebeln, geschält (Wurzelende intakt lassen) und halbiert
- 700 g Knollensellerie
- 500 g schwarze Karotten (Urkarotten), geputzt und der Länge nach halbiert
- 300 ml Hühnerbrühe
- 250 ml natives Olivenöl extra
- 2½ TL Kristallzucker
- 3 Thymianzweige
- 1 frisches Lorbeerblatt
- Meersalz
- frisch gemahlener schwarzer Pfeffer

ZUBEREITUNG

Die zähen äußeren Blätter der Artischocken entfernen, dann mit einem scharfen Messer die Spitze bis zum oberen Ende des Herzens abschneiden. Die äußeren Blätter behutsam so zurechtschneiden, dass das Herz frei liegt. Mit einem Teelöffel die haarigen Teile entfernen. Die Artischocken dann in eine Schale mit Zitronenwasser legen (siehe Anmerkung).

Einen Topf mit Salzwasser zum Kochen bringen. 2 Esslöffel Zitronensaft und das Mehl dazugeben, gut umrühren, dann die Artischocken und Zwiebeln dazugeben und das Zitronenwasser in der Schale lassen. Den Topf zudecken und 5 Minuten sieden lassen, dann gut abtropfen lassen.

Die Knollensellerie schälen und in 2 cm große Stücke schneiden; diese in das Zitronenwasser geben.

Das gesamte Gemüse in einen großen Topf geben. Die Brühe, das Olivenöl, den Zucker, Thymian, das Lorbeerblatt und 60 ml Zitronensaft dazugeben. Dann mit einem Stück Backpapier abdecken und den Deckel auf den Topf legen. Anschließend alles zum Sieden bringen und bei schwacher Hitze 30 Minuten kochen (oder bis das Gemüse sehr weich ist). In der Flüssigkeit auf Zimmertemperatur abkühlen lassen.

Auf einen Servierteller geben, mit Meersalz und frisch gemahlenem schwarzem Pfeffer würzen und mit etwas Zitronensaft beträufeln, wenn gewünscht. **Ergibt 6 Portionen.**

Anmerkung: Den Saft einer Zitrone in eine große Schüssel mit Wasser pressen. Das Zitronenwasser verhindert, dass bestimmte Früchte- und Gemüsearten vor dem Kochen braun werden.

TÜRLÜ

ZUTATEN

165 g getrocknete Kichererbsen, über Nacht eingeweicht und abgetropft
400 g Auberginen, Stielansatz entfernt, in 4 cm große Stücke geschnitten
125 ml natives Olivenöl extra
3 Knoblauchzehen, gehackt
2 TL gemahlener Koriander
2 TL gemahlener Kreuzkümmel
1 TL getrocknete Chiliflocken (oder nach Geschmack)
1½ EL Zucker
2 rote Zwiebeln, in 3 cm große Stücke geschnitten
400 g vorwiegend festkochende Kartoffeln, in 3 cm große Stücke geschnitten
1 große rote Paprikaschote ohne Samen und Haut, in 4 cm große Stücke geschnitten
650 g Winterkürbis, ohne Kerne und Haut, in 3 cm große Stücke geschnitten
3 Zucchini, Stielansatz entfernt, der Länge nach halbiert und in 4 cm große Stücke geschnitten
500 ml passierte Tomaten
1 Tasse Korianderblätter, gehackt

ZUBEREITUNG

Die Kichererbsen in kochendem Salzwasser für 45 Minuten, oder bis sie weich sind, garen und anschließend gut abtropfen lassen.

Die Auberginenscheiben in einem Küchensieb leicht mit Salz bestreuen und für 30 Minuten beiseitestellen. Danach gut abspülen und mit Küchenkrepp gut trocken tupfen.

Das Backrohr auf 180°C vorheizen. Das Olivenöl mit dem Knoblauch, Koriander, Kümmel, den Chiliflocken und dem Zucker in einer großen Schüssel gut verrühren, sodass eine homogene Mischung entsteht. Anschließend die Auberginenscheiben, die Zwiebel-, Kartoffel- und Paprikastücke dazugeben. Die Schüssel mit einem Teller abdecken und so lange kräftig schütteln, bis das Gemüse von der Marinade umhüllt ist.

Die marinierten Gemüsestücke gleichmäßig auf 2 feuerfeste Formen verteilen und die Marinadereste darüberträufeln. Das Gemüse für 35 Minuten in das Backrohr schieben, danach die Kürbis- und Zucchinistücke dazugeben und für weitere 25 Minuten (oder bis das Gemüse sehr weich ist und zu bräunen beginnt) garen. Anschließend die Kichererbsen und die pürierten Tomaten darüber verteilen und für weitere 5–10 Minuten (oder bis alles erhitzt ist) im Ofen garen.

Abschließend mit Koriander bestreuen und heiß, warm oder bei Zimmertemperatur servieren. **Ergibt 6 Portionen.**

AYVALIK BELEDİYESİ

TEE AUF DER INSEL CUNDA

Ich bin in Ayvalık, einer Stadt an der ägäischen Küste, und möchte die Gruppe, mit der ich seit ein paar Tagen unterwegs bin, für eine Weile verlassen, um den Morgen auf dem Markt zu verbringen und ein wenig Käse zu kaufen. Am Nachmittag schleiche ich mich nach Cunda und ruhe mich ein wenig aus.

Bevor ich die Stadt verlasse, erfahre ich, dass der Käse in Ayvalık legendär ist, und eine Mitreisende, eine bekannte Köchin mit einem Restaurant im schicken Istanbuler Vorort Nişantaşı, deckt sich hier mit diesen Leckerbissen ein. Ich liebe *Köy Peynir*, Käse aus der Milch junger Kühe mit delikatem, leicht blumigem Geschmack. Mein Favorit wird aber bald *Lor Peynir*, der dem Ricotta ein wenig ähnelt, aber (darf ich das sagen?) noch besser schmeckt. Es ist ein leicht verderblicher Frischkäse, der sich schlecht transportieren lässt und daher außerhalb der Region selten zu finden ist. Er ist sahnig und aromatisch und unglaublich mild. Ich genieße ihn als leichten Abschluss eines Mittagessens, nur mit selbst gemachter Kirschmarmelade und Pekmez.

Er ist ein Dessert, das mich lange sättigt, während ich zu dem schmalen Damm gehe, der das Festland bei Ayvalık mit der Insel Cunda verbindet. Dies ist ein idyllischer Fleck, der, wie ich bald merke, während der Hochsaison von Besuchern wimmelt. Seine winzige Bevölkerung – zweitausend Menschen – verdreifacht sich im Sommer. Ich verbringe einen herrlichen Nachmittag allein auf Cunda und spaziere durch die alten, gewundenen Gassen, in denen strickende Frauen auf Treppen sitzen, während ihre Kinder Bälle gegen die Wände der malerischen, pastellfarbenen alten Häuser treten. Vom Berg aus, der die Stadt überragt, sieht man übers Meer bis Ayvalık und weiter. Die Uferpromenade mit ihren vielen Speiselokalen lädt zu einem oder drei Rakı und zu Meze aus Meeresfrüchten ein.

Am Spätnachmittag begebe ich mich ins Taş Kahve, einem sorgsam restaurierten, 150 Jahre alten Teehaus. Das geräumige Interieur besticht durch seine hohe Decke und die wundervoll gefärbten Glasfenster. Dies ist eine Männerdomäne, wo Teetrinken, Kartenspielen und Zeitungslektüre der beliebteste Zeitvertreib sind. Es gefällt mir, dass niemand sich an meiner Anwesenheit stört, sodass ich in Ruhe an meinem Tee nippen und die Leute beobachten kann. In meiner Manteltasche finde ich zum Glück ein paar Kekse, die ich vergessen hatte – besondere, nach Mastix schmeckende Kekse aus einer berühmten Bäckerei in Ayvalık, die mit Olivenöl gebacken und mit Sesamsamen bestreut werden. Sie sind eine regionale Spezialität, nicht zu süß und daher der perfekte Kontrast zum gezuckerten Tee. Eine Sekunde lang vergesse ich, dass die Reisegruppe mich zum Abendessen zurückerwartet. Dies ist ein »türkischer Augenblick«: Ich trinke Tee in einem stimmungsvollen alten Gebäude und esse etwas, was ich nie zuvor gesehen habe, und wenn es nur schlichte Kekse sind.

WEISSE-BOHNEN-SALAT MIT TAHIN-SOSSE UND GEGRILLTEN GARNELEN

ZUTATEN

400 g getrocknete weiße Bohnen, über Nacht eingeweicht und abgetropft
1 kleine rote Zwiebel, in sehr feine Scheiben geschnitten
60 g entsteinte grüne Oliven
1 Tasse Petersilienblätter (glatt)
2 Tomaten, in dünne Spalten geschnitten
4 hart gekochte Eier, geschält und geviertelt
36 rohe Riesengarnelen, geschält und entdarmt (Schwänze intakt lassen)
Olivenöl zum Kochen

SOSSE

2 Knoblauchzehen, zerstoßen
60 ml Tahin
60 ml frisch gepresster Zitronensaft
fein geriebene Schale einer Zitrone
125 ml natives Olivenöl extra
60 ml warmes Wasser
Meersalz
frisch gemahlener schwarzer Pfeffer
1 dicke Msp. getrocknete Chiliflocken (optional)

ZUBEREITUNG

Zwölf hölzerne Fleischspieße 30 Minuten in Wasser einweichen.

Die Bohnen in einen Topf leeren sowie Wasser hineingießen, bis sie knapp bedeckt sind. Zum Sieden bringen und bei mittlerer bis schwacher Hitze 50–60 Minuten (oder bis sie sehr weich sind) kochen. Gut abtropfen und auf Zimmertemperatur kühlen.

In der Zwischenzeit die Soße zubereiten: Knoblauch, Tahin, Zitronensaft und Zitronenschale in einer Schüssel vermengen. Ständig umrühren und dabei langsam und in dünnem Strom das Olivenöl hineingießen. Dann 60 ml warmes Wasser einrühren, bis die Soße dick und sahnig ist. Mit Meersalz, frisch gemahlenem schwarzem Pfeffer und (optional) Chiliflocken würzen, dann mit Plastikfolie abdecken und beiseitestellen.

Einen Grill auf mittlere Temperatur erhitzen. Die Bohnen und die Soße in einer großen Schüssel gut vermengen. Die Zwiebel, Oliven, Petersilie, Tomaten und Eier dazugeben und behutsam leicht vermengen.

Je 3 Garnelen aufspießen und überall mit Olivenöl bestreichen. Gut mit Salz und Pfeffer sowie optional mit Chili würzen, dann etwa 4 Minuten (oder bis sie eben durchgegart sind) grillen. Einmal wenden. Den Salat und die Spieße mit den Garnelen auf die Servierteller verteilen und sofort servieren. **Ergibt 6 Portionen.**

ŞARLAK
SAKLI BAHÇE
80

GEMÜSE MIT GERSTE UND GEWÜRZTEM JOGHURT

ZUTATEN

220 g Gerstengraupen
60 ml natives Olivenöl extra
1 Zwiebel, fein gehackt
2 Knoblauchzehen, fein gehackt
1 Zimtstange
2 Karotten, in dünne Scheiben geschnitten
2 Selleriestangen, fein gehackt
1 EL türkische Pfefferpaste (siehe Anmerkung S. 13)
250 ml Hühnerbrühe
1 Büschel Spinat, Stiele gestutzt, Blätter gewaschen, getrocknet und grob gehackt
1 Büschel Rucola, Blätter gewaschen, getrocknet und grob gehackt
Meersalz
frisch gemahlener schwarzer Pfeffer
1 Tasse glatte Petersilie, gehackt

GEWÜRZTER JOGHURT

1½ EL natives Olivenöl extra
2 TL Kreuzkümmel
2 TL süßes Paprikapulver
½ TL getrocknete Chiliflocken (oder nach Geschmack)
500 g Schafsmilchjoghurt
1 TL Meersalz (oder nach Geschmack)
½ TL frisch gemahlener schwarzer Pfeffer

ZUBEREITUNG

Das Olivenöl in einem kleinen Topf bei mittlerer bis niedriger Temperatur erhitzen. Den Kreuzkümmel, Paprika und die Chiliflocken dazugeben und unter ständigem Rühren 1–2 Minuten (oder bis die Mischung duftet) garen. Vom Herd nehmen, in eine kleine Schüssel leeren und auf Zimmertemperatur abkühlen lassen. Dann Joghurt, Meersalz und frisch gemahlenen schwarzen Pfeffer einrühren. Mit Plastikfolie abdecken und in den Kühlschrank stellen.

Die Gerste in einem Topf mit siedendem Wasser 30 Minuten (oder bis sie weich ist) kochen. Gut abtropfen und auf Zimmertemperatur abkühlen lassen. Inzwischen das Öl in einem großen Topf bei mittlerer bis niedriger Temperatur erhitzen. Zwiebel, Knoblauch und Zimt dazugeben und 4–5 Minuten (oder bis sie etwas weich sind) garen. Karotten und Sellerie dazugeben und 6–7 Minuten garen, bis das Gemüse weich zu werden beginnt. Regelmäßig umrühren. Pfefferpaste dazugeben und eine Minute unter ständigem Umrühren garen. Dann die Brühe hineingießen und zum Sieden bringen. Den Topf zudecken und bei mittlerer bis schwacher Hitze 10 Minuten kochen (oder bis das Gemüse sehr weich ist). Die Zimtstange herausnehmen.

Den Spinat, Rucola, die Petersilie und Gerste in den Topf geben und gut verrühren; dann den Topf zudecken und weitere 3–4 Minuten kochen (oder bis das Grüngemüse zusammenfällt). Anschließend den Topf vom Herd nehmen und auf Zimmertemperatur abkühlen. Mit Meersalz und frisch gemahlenem schwarzem Pfeffer würzen. Auf einen großen Servierteller geben und die Gerste und das Gemüse mit dem gewürzten Joghurt servieren. **Ergibt 6 Portionen.**

TOMATEN-GRANATAPFEL-MINZE-SALAT MIT SAFRAN-LABNEH

ZUTATEN

1 Msp. Safranfäden
500 g Joghurt türkischer Art
1 kg gemischte Tomaten
2½ TL Zucker
Meersalz
frisch gemahlener schwarzer Pfeffer
1 Granatapfel (Kerne entfernen und aufheben)
¼ Tasse Minzeblätter
2 EL frisch gepresster Zitronensaft
60 ml natives Olivenöl extra

ZUBEREITUNG

Den Safran in den Joghurt rühren, dann diese Mischung in ein mit einem Seihtuch ausgelegtes Sieb leeren, das auf einer Schüssel liegt. Den Joghurt zum Abtropfen über Nacht in den Kühlschrank stellen, damit er dick wird.

Die Tomaten in verschiedene Formen schneiden, die größeren in runde Formen, Eiertomaten in Schnitze und Kirsch- und Traubentomaten in Viertel. Die Hälfte der Tomaten auf einem großen Servierteller arrangieren, die Hälfte des Zuckers darüberstreuen, mit Meersalz und frisch gemahlenem schwarzem Pfeffer würzen, dann die Hälfte der Granatapfelkerne und Minzeblätter darüberstreuen. Mit der zweiten Hälfte ebenso verfahren. Zitronensaft und Olivenöl auf den Salat träufeln und mit der Joghurtmischung als Beilage servieren. **Ergibt 6 Portionen.**

EINGELEGTE GRÜNE TOMATEN

ZUTATEN

500 ml Weißweinessig
2 Knoblauchzehen, zerdrückt
1 Zimtstange
2 frische Lorbeerblätter
2 TL ganze Pimentbeeren
55 g Meersalz
250 ml Wasser
800 g grüne (unreife) Tomaten, in 1 cm große Stücke geschnitten

ZUBEREITUNG

Den Essig, Knoblauch, Zimt, die Lorbeerblätter, Piment, Zucker und das Salz in einem Topf mit 250 ml Wasser vermengen. Zum Sieden bringen und umrühren, bis Zucker und Salz sich gelöst haben. Die Tomatenstücke in ein sterilisiertes, luftdichtes Glas mit 1½ Liter Volumen geben und die Mischung hineingießen, bis die Tomaten knapp bedeckt sind. Auf Zimmertemperatur abkühlen lassen und das Glas fest verschließen. Vor Gebrauch etwa 8 Wochen im Kühlschrank aufbewahren. Nach dem Öffnen können Sie eingelegte grüne Tomaten 2–3 Monate im Kühlschrank aufbewahren. **Ergibt 1½ Liter.**

EINGELEGTE GEFÜLLTE AUBERGINEN

ZUTATEN

1,2 kg Auberginen
6 Knoblauchzehen, zerdrückt
1 Büschel Dill
2 TL Koriandersamen, zerquetscht
600 ml Rotweinessig
55 g Zucker
2 EL Salz

ZUBEREITUNG

Einen Topf Wasser zum Sieden bringen, die Auberginen hineinlegen und bei mittlerer bis schwacher Hitze 6 Minuten (oder bis sie etwas weich sind) kochen. Gut abtropfen lassen und beiseitestellen. Die abgekühlten Auberginen mit einem scharfen Messer der Länge nach aufschneiden, aber das Stielende intakt lassen.

Den Knoblauch, den Dill und die Koriandersamen in einer Schüssel vermengen, dann die Mischung in die aufgeschnittenen Auberginen drücken. Die gefüllten Auberginen in ein sterilisiertes, luftdichtes Glas mit 1½ Liter Volumen legen.

Den Essig, Zucker und das Salz vermengen und diese Mischung auf die Auberginen im Glas gießen. Das Glas fest verschließen und vor Gebrauch mindestens 3 Wochen bei Zimmertemperatur stehen lassen. Eingelegte gefüllte Auberginen können Sie nach dem Öffnen im Kühlschrank bis zu 3 Monate aufbewahren. **Ergibt 1½ Liter.**

IN KIRSCHESSIG EINGELEGTE ROTE BETE

ZUTATEN

- 1 ½ kg kleine Rote Beten, Stielansatz entfernt, gewaschen
- 2 Zimtstangen, zerbrochen
- 2 TL ganze Nelken
- 6 Knoblauchzehen, zerdrückt
- 500 ml Kirschessig
- 145 g Kristallzucker
- 2 EL Salz

ZUBEREITUNG

Die ganzen Rüben in kochendem Wasser 30 Minuten (oder bis sie weich sind) garen. Gut abtropfen und etwas abkühlen lassen. Sobald sie kühl genug zum Anfassen sind, die Haut entfernen und die Rüben halbieren und in ein sterilisiertes, luftdichtes Glas mit 1 ¼ Liter Volumen legen.

Den Zimt, Knoblauch, Essig, Zucker und das Salz in einem Topf mit 375 ml Wasser vermengen und zum Sieden bringen. Dann die Hitze auf schwach reduzieren und 6 Minuten kochen. Regelmäßig umrühren. Die heiße Flüssigkeit über die Rüben im Glas gießen und das Glas nach dem Abkühlen fest verschließen. Vor Gebrauch mindestens 2 Wochen an einem kühlen, dunklen Platz oder im Kühlschrank aufbewahren. In Kirschessig eingelegte Rote Bete können Sie nach dem Öffnen 2–3 Monate im Kühlschrank aufbewahren. **Ergibt 1 ½ Liter.**

EINGELEGTE KAROTTEN MIT ZITRONEN

ZUTATEN

- 1 kg kleinere Karotten, Blattansatz und Wurzelende entfernt, geschält und der Länge nach halbiert
- 2 unbehandelte Zitronen, Schale in 1 cm breiten Streifen entfernt, weiße Haut entfernt
- 6 Thymianzweige
- 4 Knoblauchzehen, zerdrückt
- 1 ½ TL Koriandersamen
- 185 ml frisch gepresster Zitronensaft
- 185 ml Weißweinessig
- 115 g Honig
- 375 ml Wasser

ZUBEREITUNG

Die Karotten in einem Topf mit kochendem Salzwasser 2 Minuten kochen, dann gut abtropfen lassen. Die Karotten, Zitronenschalen und den Thymian in ein sterilisiertes luftdichtes Glas mit 1 ¼ Liter Volumen legen.

In der Zwischenzeit Knoblauch, Koriandersamen, Zitronensaft, Essig, Honig und 375 ml Wasser in einem Topf vermengen, zum Kochen bringen und bei schwacher Hitze 3–4 Minuten sieden lassen. Dann über die Karotten im Glas gießen und das Glas nach dem Abkühlen fest verschließen. Vor Gebrauch mindestens eine Woche an einem kühlen, dunklen Platz oder im Kühlschrank aufbewahren. Eingelegte Karotten mit Zitronen können Sie nach dem Öffnen 2–3 Monate im Kühlschrank aufbewahren. **Ergibt 1 ½ Liter.**

TİCARET
TICARET

UNLU MAMÜLLERI

REIS UND BULGUR

Türkischer Reis ist eine Varietät namens Baldo. Er wird hauptsächlich im Norden von Mittelanatolien und rund um die Stadt Tosya angebaut. Die Körner sind dick, ähnlich wie der italienische Arborio, und werden für Dolma (gefüllte Speisen) und Pilaw verwendet. Türkische Köche sind stolz auf ihren Reis. Die Körner müssen ein wenig fest bleiben und dürfen keinesfalls klebrig sein oder verklumpen. Dieser Stolz auf die Fähigkeit, einfache Gerichte sehr, sehr gut zu kochen, ist typisch für den Geist der türkischen Küche. Bulgur hat in der Türkei seit uralten Zeiten ebenfalls einen wichtigen Platz auf dem Tisch und wird auch als Zutat für Pilaw und Salate verwendet.

PERDE PILAW

ZUBEREITUNG

Für den Teig Mehl und Salz in eine Schüssel sieben. Ei, Joghurt, Milch und Olivenöl in einer separaten Schüssel gut vermengen. Die Mischung ins Mehl schütten und umrühren, bis ein grober Teig entsteht. Den Teig auf eine leicht bemehlte Fläche legen und 5 Minuten (oder bis er sämig ist) kneten. Falls er zu klebrig ist, etwas mehr Mehl verstreuen. Den Teig zu einer Kugel formen und in eine leicht mit Öl bestrichene Schüssel legen. Mehrfach wenden. Mit Folie abdecken und eine Stunde beiseitestellen.

In der Zwischenzeit eine Zwiebel grob hacken und mit dem Huhn, den Karotten, Sellerie und Lorbeerblatt in einen großen Topf geben. Wasser hineingießen, bis das Huhn knapp bedeckt ist, dann den Topf zudecken und den Inhalt bei mittlerer bis schwacher Hitze langsam zum Sieden bringen. Danach die Hitze auf sehr schwach reduzieren und das Huhn 45 Minuten (oder bis es weich ist) kochen. Das Huhn aus dem Topf nehmen und abseihen. 750 ml der Brühe aufheben; feste Teile wegwerfen. Fleisch vom Huhn entfernen und Haut und Knochen wegwerfen. Das Fleisch mit den Händen in kleine Stücke zerreißen und beiseitestellen.

Die Butter bei mittlerer Hitze in einem großen Topf zum Schmelzen bringen. Die zweite Zwiebel hacken, mit den gehackten Mandeln und Pinienkernen in den Topf geben und 7–8 Minuten garen (oder bis die Zwiebel ein wenig weich ist und die Nüsse leicht goldbraun sind). Reis, Rosinen und Piment dazugeben und unter ständigem Umrühren 2–3 Minuten garen (oder bis die Mischung duftet und der Reis gut damit überzogen ist). Die aufbewahrte Brühe hineingießen und zum Sieden bringen, dann gut zudecken und bei schwacher Hitze etwa 10–12 Minuten kochen (oder bis die Flüssigkeit fast vollständig absorbiert ist) – der Reis ist dann noch nicht ganz durchgegart. Vom Herd nehmen, Dill und Hühnerfleisch einrühren und mit Meersalz und frisch gemahlenem schwarzem Pfeffer würzen. Zum Abkühlen beiseitestellen.

Das Backrohr auf 180 °C vorheizen und sechs Pastetenformen mit je 400 ml Volumen einfetten. Je 3 ganze Mandeln auf den Boden legen. Den Teig in 6 gleich große Stücke teilen und auf einer leicht bemehlten Fläche zu Kreisen ausrollen, die groß genug sind, um die Formen etwa 1 cm dick auszukleiden (sie sollten ein wenig überhängen). Vorsicht – der Teig reißt leicht. Die Reismischung in die Formen löffeln und den überhängenden Teig nach innen klappen, so dass er die Füllung bedeckt. Gut festdrücken. Im Rohr 50 Minuten (oder bis der Teig goldbraun ist) backen. Danach aus dem Rohr holen und in den Formen 5 Minuten abkühlen lassen. Dann aus den Formen lösen und mit grünem Salat als Beilage sofort servieren. **Ergibt 6 Portionen.**

ZUTATEN

2 Zwiebeln
1 ganzes Huhn (1,2 kg) aus Freilandhaltung
1 Karotte, gehackt
1 Selleriestange, gehackt
1 Lorbeerblatt
50 g Butter und etwas mehr zum Einfetten
115 g blanchierte Mandeln, gehackt, und 18 ganze Mandeln
50 g Pinienkerne
400 g langkörniger weißer Reis, gewaschen und abgeseiht
100 g Rosinen, 30 Minuten in heißem Wasser eingeweicht und abgeseiht
2 TL Piment, gemahlen
1 Bund Dill, gehackt
Meersalz
frisch gemahlener schwarzer Pfeffer

TEIG

325 g Mehl
1 TL Salz
1 Ei, leicht geschlagen
125 Joghurt türkischer Art
80 ml Vollmilch
60 ml Olivenöl

BULGUR-KÖFTE MIT TOMATEN-MINZE-SOSSE UND KNOBLAUCHJOGHURT

ZUTATEN

350 g feiner Bulgur
30 g feiner Hartweizengrieß
50 g Mehl
1 ½ TL gemahlener Kreuzkümmel
1 ½ EL türkische Pfefferpaste (siehe Anmerkung S. 13)
1 ½ TL Meersalz
1 ½ TL frisch gemahlener schwarzer Pfeffer

TOMATEN-MINZE-SOSSE

60 ml natives Olivenöl extra
1 große Zwiebel, fein gehackt
3 Knoblauchzehen, zerstoßen
1 ½ TL süßes Paprikapulver
1 ½ TL getrocknete Minze
2 EL Tomatenmark
1 ½ EL türkische Pfefferpaste
750 ml Hühner- oder Gemüsebrühe
2 ½ EL frisch gepresster Zitronensaft (oder nach Geschmack)

KNOBLAUCHJOGHURT

375 g Joghurt türkischer Art
2–3 Knoblauchzehen, zerstoßen
Meersalz
frisch gemahlener schwarzer Pfeffer

ZUBEREITUNG

Für den Knoblauchjoghurt den Joghurt und den Knoblauch in einer Schüssel vermengen, mit Meersalz und frisch gemahlenem schwarzem Pfeffer würzen und gut vermengen. Mit Frischhaltefolie abdecken und in den Kühlschrank stellen.

Für die Soße das Olivenöl bei mittlerer bis niedriger Temperatur in einem Topf erhitzen. Zwiebel und Knoblauch dazugeben und 5–6 Minuten (oder bis sie etwas weich sind) garen. Paprika, Minze, Tomatenmark und Pfefferpaste dazugeben und 2–3 Minuten garen; dabei umrühren, bis die Mischung duftet. Die Brühe hineingießen und zum Sieden bringen, dann die Hitze auf schwach reduzieren, zudecken und 5–6 Minuten kochen. Gelegentlich umrühren, bis die Mischung sämig und ein wenig dick ist. Den Zitronensaft einrühren und nach Belieben würzen.

Für die Köfte den Bulgur in eine Schüssel geben. 250 ml lauwarmes Wasser hineingießen und den Bulgur 5–6 Minuten einweichen (oder bis er alles Wasser absorbiert hat). Anschließend die restlichen Zutaten dazugeben und die Mischung langsam mit einem elektrischen Mixer verrühren; dabei nach und nach weitere 250 ml Wasser hineingießen. Weiter leicht schlagen, bis alle Zutaten weich und gut vermengt sind. (Sie können den Köfteteig auch in einer großen Schüssel mit den Händen kneten, bis er elastisch ist.) Aus jeweils einem gehäuften Teelöffel Teig kleine Kugeln formen und mit der Kuppe des kleinen Fingers eine kleine Mulde hineindrücken.

Die Köfte in einem großen Topf mit siedendem Salzwasser 3–4 Minuten (oder bis sie durchgegart sind) kochen, dann mit einem Sieblöffel herausholen und warm halten, während die restlichen Köfte kochen. Auf Servierteller verteilen, die Soße darauflöffeln und sofort mit dem Knoblauchjoghurt als Beilage servieren. **Ergibt 4–6 Portionen.**

IÇLI-KÖFTE

ZUTATEN

235 g feiner Bulgur
400 g Lammhackfleisch
2 EL geriebene Zwiebel
60 ml Olivenöl zum Garen

FÜLLUNG

1½ EL Olivenöl
1 Zwiebel, fein gehackt
250 g Lammhackfleisch
2 Knoblauchzehen, fein gehackt
25 g Walnüsse, gehackt
30 g Rosinen, gehackt
½ TL Piment, gemahlen
Meersalz
frisch gemahlener schwarzer Pfeffer

ZUBEREITUNG

Für die Füllung das Olivenöl bei mittlerer Temperatur in einer Bratpfanne erhitzen. Die Zwiebeln, das Lammfleisch, den Knoblauch und die Walnüsse dazugeben und etwa 15 Minuten kochen, bis die Flüssigkeit verdunstet und das Fleisch braun ist. Die Rosinen und den Piment einrühren und eine Minute garen; dann die Mischung in einer Schüssel abkühlen lassen. Mit Meersalz und frisch gemahlenem schwarzem Pfeffer würzen, dann beiseitestellen.

Das Backrohr auf 200 °C vorheizen. Den Bulgur in eine Schüssel schütten und Wasser hineingießen, bis er bedeckt ist; dann 10 Minuten beiseitestellen. In einem feinen Sieb gut abtropfen lassen; dabei mit den Händen drücken, um möglichst viel Wasser zu entfernen.

Bulgur, Lammfleisch und Zwiebel in einer Küchenmaschine gut vermengen. Nach Belieben würzen, dann weitervermengen, bis die Mischung sich elastisch anfühlt. Eine Schale kaltes Wasser auf die Arbeitsfläche stellen und damit die Hände benetzen, damit die Mischung nicht kleben bleibt. Aus jeweils einem gehäuften Esslöffel Teig mit den Händen eine Kugel formen. Mit dem Daumen eine tiefe Mulde in die Kugel drücken, dann mit den Händen zu einem hohen Napf umformen, dessen Seite so dünn und gleichmäßig wie möglich ist (ohne zu zerreißen). Je 2 Teelöffel der Füllung in die Näpfe geben, dann die Bulgurmischung um die Füllung herum schließen, sodass eine torpedoförmige Nocken entsteht. Die Zutaten reichen für etwa 20 Köfte.

Das Öl auf ein großes Backblech träufeln und die Nocken einschichtig verteilen. Im Rohr 15 Minuten backen, dann die Nocken umdrehen und weitere 15 Minuten backen, bis sie goldbraun und durchgegart sind. Heiß, warm oder bei Zimmertemperatur mit grünem Salat servieren. **Ergibt 6 Portionen.**

STRASSENLEBEN IN DIYARBAKIR

Schon bevor ich Diyarbakır zum ersten Mal sah, wusste ich, dass ich diese uralte, seit 5000 Jahren ununterbrochen bewohnte Stadt lieben würde. Sie liegt am Rande der großen, fruchtbaren mesopotamischen Ebene im Südosten des Landes in der Nähe des mächtigen Tigris. Ihr historisches Zentrum ist zwischen rund sechs Kilometer langen, wuchtigen Verteidigungswällen aus Basalt eingepfercht.

Auf den Straßen hört man häufiger Kurdisch als Türkisch, und die kulturellen Aktivitäten der Kurden prägen den Stadtkern mit seinem engen Gassengewirr, den alten Moscheen und Kirchen und dem bunten Straßenleben. Es gibt ein paar einheimische Touristen, aber viele Türken meiden den Ort, weil er Ende der 1990er-Jahre der Schauplatz blutiger Zusammenstöße zwischen der verbotenen PKK und der türkischen Armee war – der Ausnahmezustand wurde erst 2002 aufgehoben. In der Umgebung der Stadt sind heute noch viele Soldaten zu sehen.

Verglichen mit den moderneren, wohlhabenderen Landesteilen ist Diyarbakır immer noch auffallend spartanisch. Das wird nirgendwo deutlicher als in den Küchen. Dort spielt Hygiene keine sehr große Rolle. Joghurt wird in großen Metalleimern in die Läden gebracht, oft unbedeckt. Frauen versammeln sich in schmalen Straßen und rösten ganze Auberginen über kleinen Holzfeuern, die Rauchwolken von sich geben. Vom Wall aus kann ich die Stadt im Spätsommer betrachten. Paprikapüree in großen Wannen wird in der glühenden Hitze schnell zu einer dicken Paste. Die Straßen wimmeln von Menschen, und die Gassen sind das Reich der Kinder. Häuser mit Flachdächern werden mit aufgefädelten Chilischoten und Tomaten geschmückt, die in der Sonne trocknen, bis man sie für den Winter einlagern kann. Auf dem berühmten Käsemarkt liegen große, dicke Stränge aus geflochtenem Käse in Salzwasser, der Umgebungstemperatur ausgesetzt.

An einer Ecke steht den ganzen Tag ein Mann und rührt mit den Händen Çiğ Köfte in Bottichen um. Sobald sie gekocht sind, verteilt er das Hackfleisch auf rechteckigen Fladenbroten, streut ein paar Kräuter und Rettiche darauf und tunkt sie in Granatapfelsirup. Dann verkauft er sie, ordentlich in die Zeitung vom Vortag eingerollt, für ein paar türkische Lira. Anderswo stehen Männer vor Kebabbuden, und Jungen verkaufen schaumige Becher mit kaltem *Ayran* an durstige Passanten. Legionen von Männern ruhen sich in der Nachmittagssonne aus, trinken Tee und rauchen, während junge Simit-Verkäufer hin und her huschen und den Hungrigen ihre Waren anbieten.

KÜRBIS-KÖFTE

ZUTATEN

350 g feiner Bulgur
100 ml natives Olivenöl extra
600 g Winterkürbis, geschält, entkernt und gehackt
750 g Lammhackfleisch
1 Zwiebel, fein gehackt
½ TL gemahlener Piment
1 TL getrocknete Chiliflocken
1 TL Meersalz
1 TL frisch gemahlener schwarzer Pfeffer
16 Walnusshälften
Zitronenspalten als Beilage

FÜLLUNG

2 EL natives Olivenöl extra
300 g Lammhackfleisch
1 Zwiebel, fein gehackt
2 Knoblauchzehen, zerstoßen
1 EL Tomatenmark
½ TL gemahlener Piment
½ TL gemahlener Zimt
1 TL getrocknete Chiliflocken
50 g Walnüsse, gehackt
⅓ Tasse gehackte glatte Petersilie

GERÖSTETE TOMATEN

12 kleine Tomaten, der Länge nach halbiert
1½ TL Kristallzucker
1½ TL süßes Paprikapulver
½ TL getrocknete Chiliflocken
1 EL Oreganoblätter
2½ EL Olivenöl
2½ EL Rotweinessig
Meersalz
frisch gemahlener schwarzer Pfeffer

ZUBEREITUNG

Das Backrohr auf 180 °C vorheizen. Die Tomaten einschichtig in einen Bräter legen und Zucker, Gewürze und Oreganoblätter darüberstreuen. Mit Olivenöl und Essig beträufeln, mit Meersalz und frisch gemahlenem schwarzem Pfeffer würzen und eine Stunde backen (oder bis die Tomaten weich und an den Rändern etwas gebräunt sind).

Für die Füllung das Olivenöl in einer großen Bratpfanne bei mittlerer bis hoher Temperatur erhitzen. Das Lammfleisch, die Zwiebel und den Knoblauch dazugeben und 7–8 Minuten schmoren. Oft umrühren, um das Fleisch zu zerteilen. Anschließend das Tomatenmark und die Gewürze dazugeben und weitere 2 Minuten schmoren. Dann vom Herd nehmen und gehackte Walnüsse und Petersilie einrühren. Zum Abkühlen beiseitestellen.

Den Bulgur in eine Schüssel leeren, knapp mit kaltem Wasser bedecken und 10 Minuten einweichen. Mit einem feinen Sieb gut abseihen und dabei mit den Händen möglichst viel Wasser herausdrücken.

Einen Esslöffel Olivenöl in einem kleinen Topf bei mittlerer Temperatur erhitzen. Die Kürbisstücke dazugeben, zudecken und 15 Minuten dünsten. Gelegentlich umrühren, bis der Kürbis sehr weich ist. Dann vom Herd nehmen, überschüssige Flüssigkeit abseihen und die Kürbisstücke gut umrühren, bis ein grobes Püree entsteht. Auf Zimmertemperatur abkühlen.

Das Lammfleisch, die Zwiebel, den Piment und die Chili in der Schüssel eines mit Rührbesen ausgestatteten elektrischen Mixers bei geringer Geschwindigkeit mehrere Minuten (oder bis die Mischung etwas klebrig wird) vermengen. Den Bulgur, das Kürbispüree, Meersalz und Pfeffer dazugeben und weitere 5–6 Minuten (oder bis die Mischung elastisch wird) vermengen. (Sie können den Köfteteig auch in einer großen Schüssel mit den Händen kneten, bis er elastisch ist.)

Die Hälfte des restlichen Olivenöls in eine Backform mit 2 Liter Volumen gießen, dann mit den Händen die Hälfte der Bulgurmischung gleichmäßig in der Form verteilen. Die Füllung darüberstreuen. Jeweils eine kleine Handvoll der restlichen Bulgurmischung flach drücken und so nebeneinander anordnen, dass sie eine gleichmäßige Schicht auf der Füllung bilden. Mit einem großen scharfen Messer ein Rautenmuster oben einschneiden. Eine Walnusshälfte in jede Raute drücken, dann das restliche Olivenöl darübergießen. Im Rohr 40 Minuten backen (oder bis sie leicht goldbraun und durchgebacken sind). Dann aus dem Rohr nehmen und etwas abkühlen lassen. Warm oder bei Zimmertemperatur mit den Zitronenspalten und den gerösteten Tomaten als Beilage servieren. **Ergibt 8 Portionen.**

PILAW MIT TOMATEN, ROSINEN UND WEIZEN

ZUTATEN

265 g grober Bulgur
80 ml Olivenöl
2 Zwiebeln, fein gehackt
2 Knoblauchzehen, zerstoßen
1½ EL Tomatenmark
2½ TL gemahlener Kreuzkümmel
30 g gehackte sonnengetrocknete Tomaten
40 g weiße Rosinen (siehe Anmerkung)
560 ml Hühnerbrühe
2 x 1 kg parierte Lammhüfte (in Scheiben geschnitten)
Meersalz
frisch gemahlener schwarzer Pfeffer
Zitronenspalten zum Servieren
Babyspinatsalat zum Servieren

JOGHURT MIT MINZE

500 g Joghurt türkischer Art
1 Knoblauchzehe, fein gehackt (optional)
3 EL gehackte Minze
Meersalz
frisch gemahlener schwarzer Pfeffer

ZUBEREITUNG

Joghurt, Knoblauch (optional) und Minze in einer Schale vermengen und mit Meersalz und frisch gemahlenem schwarzem Pfeffer würzen. Gut verrühren, dann abdecken und in den Kühlschrank stellen.

Den Bulgur unter fließendem Wasser spülen und gut abtropfen lassen. 2½ Esslöffel Olivenöl in einem großen Topf bei mittlerer Temperatur erhitzen. Die Zwiebeln und den Knoblauch dazugeben und 5–6 Minuten (oder bis sie etwas weich sind) schmoren. Das Tomatenmark, den Kreuzkümmel, die Tomaten und Rosinen dazugeben und unter häufigem Umrühren 3–4 Minuten schmoren. Dann mit dem Bulgur vermengen. Die Brühe dazugießen und zum Sieden bringen. Zudecken, die Hitze auf sehr schwach reduzieren und 15–20 Minuten kochen (oder bis die Flüssigkeit fast vollständig absorbiert ist). Den Topf vom Herd nehmen, zudecken und 15 Minuten beiseitestellen (oder bis der Bulgur sehr weich ist).

In der Zwischenzeit das restliche Öl in einer schweren Bratpfanne bei mittlerer Temperatur erhitzen. Die Fleischscheiben mit Meersalz und frisch gemahlenem schwarzem Pfeffer würzen und in die Pfanne legen. Die Pfanne zudecken und die Steaks 25 Minuten schmoren – einmal wenden –, bis sie durchgegart, aber in der Mitte noch ein wenig rosa sind. Dann das Fleisch vom Herd nehmen, 10 Minuten stehen lassen und klein schneiden.

Den Pilaw, das Lammfleisch sowie Joghurt und Zitronenspalten auf flache Teller oder Schalen verteilen und sofort mit Spinatsalat als Beilage servieren. **Ergibt 6 Portionen.**

Anmerkung: Im Gegensatz zu den meisten anderen Rosinen, die in der Sonne getrocknet werden, trocknet man weiße Rosinen im Ofen. Sie sind weniger süß als Sultaninen. Falls Sie keine weißen Rosinen bekommen, können Sie eine andere Sorte verwenden.

Anmerkung zu Seite 135: Freekeh ist ein arabisches Lebensmittel, das im Süden der Türkei, wo der Einfluss des Nahen Ostens stark ist, oft gegessen wird. Es ist eine Weizenart, die grün geerntet, geröstet und in der Sonne getrocknet wird. Dadurch nimmt sie ein fantastisches rauchiges Aroma an.

WILDES GRÜNGEMÜSE, FREEKEH UND GARNELEN MIT GEWÜRZTEM PAPRIKAPÜREE

ZUBEREITUNG

Die Paprikaschoten direkt über einer schwachen Flamme etwa 10–15 Minuten grillen, bis die Haut überall schwarz ist. (Sie können die Schoten auch auf einen heißen Grill legen.) Die Schoten in eine Schüssel legen, mit einem Geschirrtuch abdecken und abkühlen lassen, bis man sie in die Hand nehmen kann. Die schwarzen Häute und Kerne mit den Händen entfernen – wenn nötig, mit etwas Wasser lösen –, aber nicht in Wasser waschen, weil sonst das Aroma verloren geht. Die Schoten in Stücke reißen und beiseitestellen.

Das Olivenöl bei mittlerer Temperatur in einem Topf erhitzen, Zwiebel und Knoblauch dazugeben und 6–7 Minuten schmoren. Die Pfefferpaste, das Paprikapulver, die Chili und den Zimt dazugeben und unter Umrühren 2 Minuten schmoren. Vom Herd nehmen und in eine Küchenmaschine leeren. Paprikaschoten und Zucker dazugeben und alles zu einem groben Püree verarbeiten. Mit Meersalz und frisch gemahlenem schwarzem Pfeffer würzen und in den Kühlschrank stellen. Vor dem Servieren auf Zimmertemperatur bringen.

Freekeh und 375 ml Wasser in einem Topf zum Sieden bringen, zudecken und bei schwacher Hitze 25–30 Minuten kochen (oder bis das Wasser absorbiert und der Freekeh weich ist.) Vom Herd nehmen und beiseitestellen.

Zähe Stiele vom Kohl und vom Spinat entfernen. Das Grüngemüse waschen und abtropfen lassen. Die Hälfte des Olivenöls in einem sehr großen Topf erhitzen, Knoblauch und Zimtstange dazugeben und bei mittlerer Hitze 2 Minuten (oder bis die Zutaten duften) schmoren. Den Kohl und 80 ml Wasser dazugeben, zudecken und 7–8 Minuten bei mittlerer bis großer Hitze kochen, bis die Zutaten weich sind. Gelegentlich umrühren. Die Mischung in eine Schüssel leeren.

Das restliche Öl in denselben Topf gießen und Spinat, Rucola, Brunnenkresse, Löwenzahn und Garnelen dazugeben. 3–4 Minuten kochen (oder bis das Grüngemüse zusammenfällt und die Garnelen fast durchgegart sind). Oft umrühren. Den Kohl und den Freekeh wieder in den Topf legen, gut vermengen, dann zudecken und 3 Minuten kochen (oder bis die Mischung durch und durch heiß ist). Mit Meersalz und Pfeffer würzen und die Zimtstange herausnehmen. Sofort mit dem Paprikapüree als Beilage servieren. **Ergibt 6 Portionen.**

ZUTATEN

165 g Freekeh, gut gewaschen (siehe Anmerkung Seite 134 unten)
375 ml Wasser
1 toskanischer Kohl (Palmkohl)
250 g Spinat
100 g Rucola
300 g Brunnenkresse
100 g Löwenzahnblätter (optional)
80 ml natives Olivenöl extra
3 Knoblauchzehen, zerstoßen
1 Zimtstange
80 ml Wasser
1½ kg rohe Riesengarnelen, geschält und entdarmt
Meersalz
frisch gemahlener schwarzer Pfeffer

PAPRIKAPÜREE

3 große rote Paprikaschoten
2½ EL Olivenöl
1 große Zwiebel, fein gehackt
3 Knoblauchzehen, gehackt
1½ EL türkische Pfefferpaste (siehe Anmerkung S. 13)
1½ TL süßes Paprikapulver
1½ TL getrocknete Chiliflocken
½ TL gemahlener Zimt
1 TL Zucker
Meersalz
frisch gemahlener schwarzer Pfeffer

BIBER DOLMASI MIT HÜHNCHENFÜLLUNG

ZUTATEN

6 grüne oder rote längliche Paprikaschoten oder 6 x 150 g kleine rote Schoten

FÜLLUNG

80 ml natives Olivenöl extra
1 Zwiebel, fein gehackt
1 Knoblauchzehe, fein gehackt
2 EL Pinienkerne
100 g weißer Langkornreis
2 Hühnerschlegel ohne Haut und Knochen, fein gehackt
2 TL türkische Pfefferpaste (siehe Anmerkung S. 13)
2 EL Rosinen
1½ TL Kristallzucker
1/4 TL gemahlener Zimt
1/4 TL gemahlener Piment
½ TL Salz
310 ml Hühnerbrühe
1½ EL frisch gepresster Zitronensaft
frisch gemahlener schwarzer Pfeffer

ZUBEREITUNG

Für die Füllung die Hälfte des Olivenöls bei mittlerer Temperatur in einem Topf erhitzen. Die Zwiebel, den Knoblauch und die Pinienkerne dazugeben und 5–6 Minuten schmoren (oder bis die Zwiebel etwas weich ist). Den Reis dazugeben und unter Umrühren 2 Minuten schmoren; dann das Hühnchenfleisch, die Gewürze und die Hälfte der Hühnerbrühe dazugeben. Zum Sieden bringen, mit einem dicht sitzenden Deckel zudecken und bei schwacher Hitze 10 Minuten kochen (oder bis die Flüssigkeit absorbiert ist). Den Zitronensaft einrühren und mit frisch gemahlenem schwarzem Pfeffer würzen. Vom Herd nehmen und etwas abkühlen lassen.

Den oberen Teil der Schoten abschneiden und aufheben. Mit einem Teelöffel die Samen aus den Schoten entfernen und wegwerfen. Dann die Schoten mit der Hühnerfleischmischung füllen, jedoch nicht bis zum Rand, da der Reis Platz zum Quellen braucht. Die weggeschnittenen Stücke wieder auf die Schoten setzen und diese einschichtig und dicht nebeneinander in einer Frittierpfanne verteilen. Die restliche Brühe und das restliche Öl in die Pfanne gießen und mit Backpapier abdecken. Einen Teller auf die Schoten legen, um sie sanft nach unten zu drücken. Die Pfanne mit einem Deckel zudecken und die Paprikaschoten 45–50 Minuten bei schwacher Hitze kochen (oder bis die Schoten weich sind und die Füllung gar ist). Die Kochflüssigkeit darüberleeren und warm oder bei Zimmertemperatur servieren. **Ergibt 6 Portionen.**

BULGUR-PILAW

ZUTATEN

350 g grober Bulgur
2½ EL Olivenöl
1 große Zwiebel, fein gehackt
1 Knoblauchzehe, zerstoßen
1 Zimtstange
750 ml Hühnerbrühe
Meersalz
frisch gemahlener schwarzer Pfeffer

ZUBEREITUNG

Den Bulgur unter kaltem fließendem Wasser waschen, bis das Wasser klar wird; dann gut abtropfen lassen und beiseitestellen.

Das Olivenöl in einer großen Bratpfanne bei mittlerer Temperatur erhitzen. Zwiebel und Knoblauch dazugeben und 5–6 Minuten schmoren, bis sie etwas weich sind. Oft umrühren. Zimtstange und Brühe dazugeben, zum Kochen bringen, dann die Hitze auf schwach reduzieren, zudecken und etwa 12–15 Minuten (oder bis die Brühe vollständig absorbiert ist) kochen. Mit Meersalz und frisch gemahlenem schwarzem Pfeffer würzen und die Körner mit einer Gabel lockern. Warm oder bei Zimmertemperatur servieren. **Ergibt 4–6 Portionen.**

REIS-PILAW

ZUTATEN

400 g Baldoreis (oder eine andere Sorte mit mittelgroßen weißen Körnern (siehe Anmerkung)
50 g Butter
1 große Zwiebel, fein gehackt
1 Knoblauchzehe, zerstoßen
1 frisches Lorbeerblatt
750 ml Hühnerbrühe
Meersalz
frisch gemahlener schwarzer Pfeffer

ZUBEREITUNG

Den Reis unter kaltem fließendem Wasser waschen, bis das Wasser klar wird; dann gut abtropfen lassen und beiseitestellen.

Die Butter bei mittlerer Temperatur in einem großen Topf zum Schmelzen bringen. Zwiebel und Knoblauch dazugeben und unter häufigem Umrühren 5–6 Minuten (oder bis sie etwas weich sind) schmoren. Den Reis dazugeben und 2–3 Minuten kochen. Umrühren, um die Körner mit der Mischung zu überziehen und durchzugaren. Das Lorbeerblatt und die Brühe dazugeben, zum Kochen bringen, dann die Hitze auf schwach reduzieren, zudecken und 12 Minuten (oder bis die Brühe vollständig absorbiert ist) kochen. Vom Herd nehmen und zugedeckt 20 Minuten (oder bis der Reis weich ist) stehen lassen. Mit Meersalz und frisch gemahlenem schwarzem Pfeffer würzen und die Körner mit einer Gabel lockern. Warm oder bei Zimmertemperatur servieren. **Ergibt 4–6 Portionen.**

Anmerkung: Baldoreis ist ein italienischer Reis mit mittelgroßen Körnern. Er wird auch in der Türkei angebaut und eignet sich vorzüglich für Pilaw- und Dolma-Füllungen, weil er nach dem Kochen seine Form bewahrt und nicht klebrig wird.

PILAW MIT MANGOLD, BULGUR UND GEWÜRZTEN ZWIEBELN

ZUTATEN

80 ml natives Olivenöl extra
3 große Zwiebeln, fein geschnitten
1 TL gemahlenes Piment
1 TL getrocknete Chiliflocken
Meersalz
frisch gemahlener schwarzer Pfeffer
800 g Mangold
50 g getrocknete Berberitzen
265 g grober Bulgur
500 ml Geflügelbrühe
375 g Joghurt türkischer Art
2 Knoblauchzehen gepresst

ZUBEREITUNG

Zwei Esslöffel Olivenöl bei mittlerer Temperatur in einer großen, schweren Bratpfanne erhitzen. Die Zwiebeln dazugeben und 15–18 Minuten (oder bis sie schön braun sind) schmoren. Den Piment, das Paprikapulver und den Chili dazugeben, mit Meersalz und frisch gemahlenem schwarzem Pfeffer würzen und weitere 1–2 Minuten (oder bis die Mischung duftet) schmoren. Vom Herd nehmen und beiseitestellen.

Die Stiele und dicken Adern der Mangoldblätter entfernen, zähe oder beschädigte äußere Blätter wegwerfen. 2 cm von den Enden der Stiele wegschneiden, dann Stiele und Adern fein hacken. Die Blätter spülen und trocknen, dann fein hacken und beiseitestellen. Das restliche Olivenöl bei mittlerer Temperatur in einem großen Topf erhitzen. Die Mangoldstiele in den Topf geben, zudecken und 10 Minuten schmoren, bis sie etwas weich sind. Oft umrühren. Die Berberitzenbeeren, den Bulgur und die Brühe dazugeben, gut verrühren und die Mischung zum Sieden bringen. Den Topf zudecken und bei schwacher Hitze etwa 15–20 Minuten (oder bis der Bulgur fast weich ist) kochen. Vom Herd nehmen und 5 Minuten stehen lassen. Mit Meersalz und frisch gemahlenem schwarzem Pfeffer würzen und mit einer Gabel lockern.

In der Zwischenzeit einen Topf etwa 3 cm hoch mit Wasser füllen und das Wasser zum Kochen bringen. Die Mangoldblätter hineinleeren, mit einem gut sitzenden Deckel zudecken und 5 Minuten (oder bis sie weich sind) kochen. Abseihen, abkühlen lassen, dann möglichst viel Wasser mit den Händen herausdrücken. Den Mangold, Joghurt und Knoblauch in einer Schüssel vermengen und mit Meersalz und frisch gemahlenem schwarzem Pfeffer würzen. Mit Plastikfolie abdecken und in den Kühlschrank stellen.

Den Pilaw warm oder bei Zimmertemperatur mit den gewürzten Zwiebeln und der Joghurtmischung servieren. **Ergibt 6 Portionen.**

Anmerkung: Berberitzenbeeren verleihen Gerichten wie diesem Pilaw eine hübsche rosa Farbe und einen erfrischend herben Geschmack.

LÄNDLICHE PEKMEZ- UND PESTILHERSTELLUNG

Pekmez ist ein wichtiger Bestandteil der türkischen Küche. Er ist der melasseähnliche Sirup, der entsteht, wenn man Obstmost eindampft. Er ist dick, zähflüssig und dunkel und als Vorläufer des Zuckers ein uraltes Nahrungsmittel. Zu Pekmez werden unter anderem Birnen, Maulbeeren, Pflaumen, Feigen und sogar Johannisbrot verarbeitet, meist jedoch Weintrauben. Mit Pekmez aromatisiert man Obstkompott und rustikale Desserts wie Mehl-Helwa, und man isst ihn zusammen mit Tahin und Brot zum Frühstück. Eine medizinische Wirkung wird ihm ebenfalls zugeschrieben, ähnlich wie dem Balsamessig in Italien. Ein Löffelvoll am Morgen soll Beschwerden aller Art lindern.

Ich bin in Diyarbakır. Es ist Herbst, und mein Freund Mechmet hat mich ins Haus seiner Eltern eingeladen, die etwa dreißig Kilometer entfernt in einem Dorf wohnen. Dort möchte ich sehen, wie Pekmez hergestellt wird. Wir springen in einen Bus, steigen in der Nähe des Dorfes aus und legen die letzten paar Kilometer in der heißen Sonne und auf staubigen Straßen zu Fuß zurück.

Doch alles Ungemach ist schnell vergessen, als wir Felder mit wildem Thymian durchqueren, dessen süßer, harziger Duft uns bei jedem Schritt in die Nase steigt. Wir schöpfen neue Kraft und genießen den Anblick der prächtigen Äcker und Wiesen. Bald befinden wir uns zwischen Weinstöcken, und bei den Reben treffen wir Mechmets Mutter, Vater und andere Verwandte, die hart arbeiten, um Pestil, einen getrockneten, ledrigen Obstbrei, zuzubereiten. Sie kochen die Weinbeeren auf ein dickes Püree herunter, lassen es abtropfen und streichen es dann gleichmäßig und dünn auf Tücher. So trocknet es in der Sonne, bis die Fruchtmasse ledrig und biegsam ist. Dann schneiden sie den Pestil in handliche Stücke und lagern ihn als nahrhafte Zwischenmahlzeit für das kommende Jahr ein.

Dann schauen wir zu, wie die Männer abwechselnd den Traubenbrei umrühren, der in einem riesigen Kessel über einem Holzfeuer kocht und langsam zu Pekmez wird. Die Arbeit in der Hitze ist hart und dauert Stunden. Die Familie verbringt drei Tage mit der Herstellung von Pestil und Pekmez – mit den gleichen Verfahren und Werkzeugen wie vor Hunderten von Jahren. Solche Szenen spielen sich in der ländlichen Türkei fast das ganze Jahr über ab und belegen, dass die Feldfrüchte der Saison zumindest in einigen Landesteilen immer noch die wichtigste Nahrungsquelle sind – entweder frisch verwendet oder nach traditioneller Weise haltbar gemacht.

Kısır ist der Tabouleh der Türkei, obwohl er deutlich weniger Petersilie enthält und die Gemüsepaste, die Tomaten und die Gewürze ihm eine hübsche rötliche Farbe verleihen. Ich esse ihn am liebsten mit roh gegrilltem Thunfisch oder Lachs. In der Türkei serviert man ihn meist als Meze oder Beilage mit Fisch oder gegrilltem Lamm- oder Rindfleisch.

KISIR

ZUTATEN

750 g Thunfischsteaks
natives Olivenöl extra zum Bestreichen
Meersalz
frisch gemahlener schwarzer Pfeffer
350 g feiner Bulgur
500 ml kochendes Wasser
80 ml natives Olivenöl extra und etwas mehr zum Kochen
1 Zwiebel, fein gehackt
2 Knoblauchzehen, zerstoßen
1 EL Tomatenmark
1 EL türkische Pfefferpaste (siehe Anmerkung S. 13)
1 ½ TL gemahlener Kreuzkümmel
2 TL getrocknete Chiliflocken
3 feste, reife Tomaten, fein gehackt
2 kurze Gurken, fein gehackt
2 TL getrocknete Minze
1 ½ EL Granatapfelsirup (siehe Anmerkung S. 24)
2 ½ EL frisch gepresster Zitronensaft (oder nach Geschmack)
⅓ Tasse gehackte glatte Petersilie
⅓ Tasse gehackte Minzeblätter
Zitronenspalten als Beilage

ZUBEREITUNG

Einen Grill oder eine Grillpfanne auf mittlere bis hohe Temperatur vorheizen. Die Thunfischsteaks mit dem Olivenöl bestreichen und auf jeder Seite etwa 2 Minuten schmoren (oder bis sie durchgegart, aber in der Mitte noch etwas rosa sind). Mit Meersalz und frisch gemahlenem schwarzem Pfeffer würzen, dann vom Grill nehmen und auf Zimmertemperatur abkühlen lassen. In große Stücke brechen und beiseitestellen.

In der Zwischenzeit den Bulgur in eine große Schüssel leeren und 500 ml kochendes Wasser darübergießen. Zudecken und 10–15 Minuten einweichen (oder bis das Wasser aufgesogen ist).

Inzwischen das zusätzliche Olivenöl in einer kleinen Bratpfanne bei mittlerer Temperatur erhitzen, Zwiebel und Knoblauch dazugeben und 5–7 Minuten (oder bis sie etwas weich sind) schmoren. Das Tomatenmark, die Pfefferpaste, den Kreuzkümmel und die Chili einrühren und 2–3 Minuten (oder bis die Mischung duftet) schmoren. Vom Herd nehmen, auf Zimmertemperatur abkühlen lassen, dann die Mischung in den Bulgur rühren. Tomaten, Gurken, Minze, Granatapfelsirup und Zitronensaft dazugeben und gut vermengen. Den Thunfisch dazugeben und behutsam vermengen. Nach Geschmack würzen, mit Petersilie und Minze bestreuen und sofort mit den Zitronenspalten als Beilage servieren. **Ergibt 6 Portionen.**

Muscheln mit Reis sind in den Straßen von Istanbul ein beliebtes Gericht. Die Aromen dieses Pilaws gleichen denen der gefüllten Variante, aber er ist viel leichter zuzubereiten. Sie können ihn heiß essen, aber bei Zimmertemperatur schmeckt er besser.

PILAW MIT MUSCHELN, DILL UND ROSINEN

ZUTATEN

280 g Baldoreis (oder eine andere Sorte mit mittelgroßen weißen Körnern (siehe Anmerkung S. 140)
2 TL Meersalz
kochendes Wasser
1,7 kg schwarze Muscheln, Bärte entfernt und Schalen geschrubbt
60 ml natives Olivenöl extra
1 große Zwiebel, fein gehackt
2 Knoblauchzehen, fein gehackt
50 g Pinienkerne, geröstet
50 g Rosinen
¾ TL gemahlener Piment
⅓ Tasse gehackter Dill

ZUBEREITUNG

Reis und Salz in eine Schüssel geben und mit kochendem Wasser bedecken. 30 Minuten einweichen, dann gut abtropfen lassen.

In der Zwischenzeit 500 ml Wasser in einem großen Topf zum Kochen bringen. Die Muscheln hineinschütten, zudecken und 2–3 Minuten kochen, bis die Muscheln sich leicht öffnen (Muscheln, die sich nicht öffnen, wegwerfen). Gelegentlich umrühren. Die Muscheln dann in eine Schüssel schütten, abtropfen lassen und die Kochflüssigkeit aufbewahren – Wasser nachgießen, bis 500 ml im Topf sind. Wenn die Muscheln so weit abgekühlt sind, dass man sie anfassen kann, das Fleisch aus den Schalen schaben, abdecken und in den Kühlschrank stellen.

Das Öl bei mittlerer Temperatur in einem großen Topf erhitzen. Die Zwiebel und den Knoblauch dazugeben und 5–7 Minuten (oder bis sie etwas weich sind) schmoren. Pinienkerne, Rosinen, Piment und Reis dazugeben und 2–3 Minuten schmoren. Gut umrühren. Die aufbewahrte Kochflüssigkeit hineingießen und zum Kochen bringen. Gut umrühren. Die Hitze bis zum Sieden verringern, zudecken und 15 Minuten kochen (oder bis die Flüssigkeit absorbiert ist). Vom Herd nehmen und 5 Minuten stehen lassen. Muscheln dazugeben und gut verrühren, dann zudecken und vor dem Servieren weitere 5 Minuten stehen lassen. **Ergibt 6 Portionen.**

L. AYVALIK
№ 683

FISCH UND MEERESFRÜCHTE

Auf vielen türkischen Märkten ist das Angebot an Fischen unglaublich groß – sie liegen mit glänzenden Augen auf Eis oder schwimmen in einem Wasserbottich. Diese Fülle ist der langen Küste entlang der türkischen Grenze zu verdanken – am Schwarzen Meer, am Marmarameer, an der Ägäis und am Mittelmeer. Rotbarbe, Forelle, Bonito, Makrele, Seebarsch, Rotbarsch, Thunfisch, Schwertfisch und Sardinen sind ebenso beliebt wie Tintenfisch und Muscheln. Die Zubereitung ist denkbar einfach – man isst sie meist gegrillt oder gebacken –, und sie werden mit schlichten Beilagen serviert, sodass der Fisch nach dem Meer, Fluss oder Bach schmeckt, aus dem er stammt.

MAKRELEN MIT ZWIEBELN, APFELESSIG, KREUZKÜMMEL UND KICHERERBSEN

ZUBEREITUNG

Das Backrohr auf 200 °C vorheizen. Die Kichererbsen 45 Minuten (oder bis sie weich sind) in siedendem Salzwasser kochen. Gut abtropfen lassen.

Das Olivenöl bei mittlerer Temperatur in einem großen Topf erhitzen. Die Zwiebeln, den Knoblauch und den Kreuzkümmel dazugeben und 6–7 Minuten (oder bis sie etwas weich sind) schmoren. Brühe, Essig und Kichererbsen dazugeben, dann mit Meersalz und frisch gemahlenem schwarzem Pfeffer würzen. Zum Sieden bringen, dann die Hitze auf schwach reduzieren und warm halten.

Die Makrelen einschichtig in einem großen Backblech verteilen und mit Meersalz und frisch gemahlenem schwarzem Pfeffer würzen. Die heiße Kichererbsenmischung darübergießen, das Gericht mit Chili bestreuen und mit Folie gut abdecken. Anschließend alles für ca. 7–8 Minuten im Ofen backen (oder bis der Fisch gegart ist). Mit Pellkartoffeln und grünem Salat als Belagen servieren. **Ergibt 6 Personen.**

ZUTATEN

220 g getrocknete Kichererbsen, über Nacht eingeweicht und abgetropft
60 ml natives Olivenöl extra
3 große Zwiebeln, in dünne Scheiben geschnitten
2 Knoblauchzehen, fein gehackt
1 TL Kreuzkümmel, leicht zerstoßen
500 ml Fisch- oder Hühnerbrühe
etwas Essig
6 x 175 g Makrelenschnitzel
Meersalz
frisch gemahlener schwarzer Pfeffer
1 TL getrocknete Chiliflocken (oder nach Geschmack)

WITTLING MIT GRIESSKRUSTE, TOMATEN, GRANATAPFEL UND SUMACH-GEWÜRZSOSSE

ZUTATEN

75 g Maisgrieß
12 ganze kleine, feste Wittlinge, geputzt (oder andere kleine Fische mit festem, weißem Fleisch)
80 ml natives Olivenöl extra
Zitronenspalten als Beilage

SOSSE

5 Pflaumentomaten, entkernt und fein gehackt
1 EL Granatapfelsirup (siehe Anmerkung S. 24)
Meersalz
frisch gemahlener schwarzer Pfeffer
1 kleine rote Zwiebel, fein gehackt
1½ TL Gewürzsumach
2½ TL Kristallzucker
1 EL frisch gepresster Zitronensaft
1 TL getrocknete Chiliflocken
60 ml natives Olivenöl extra
1 Tasse glatte Petersilie, gehackt
1 Tasse Korianderblätter, gehackt

ZUBEREITUNG

Für die Soße alle Zutaten in einer Schüssel vermengen, mit Meersalz und frisch gemahlenem schwarzem Pfeffer würzen, zudecken und eine Stunde lang bei Zimmertemperatur stehen lassen, damit die Aromen sich entfalten können.

Den Grieß auf einen großen, flachen Teller leeren und den Fisch festdrücken und wenden, bis beide Seiten gleichmäßig überzogen sind.

Das Öl bei mittlerer bis niedriger Temperatur in einer großen Bratpfanne mit Antihaftbeschichtung erhitzen. Die Fische einschichtig in die Pfanne legen – Kopfenden neben Schwanzenden – und 6 Minuten braten. Vom Herd nehmen und ein flaches Tablett auf die Pfanne legen. Die Pfanne behutsam umdrehen, so dass die Fische auf dem Tablett liegen; dann die Fische vorsichtig zurück in die Pfanne rutschen lassen, ohne den Grießmantel zu verletzen. Weitere 3–4 Minuten (oder bis sie durchgegart sind) braten. Die Fische dann auf Servierteller rutschen lassen und sofort mit Zitronenspalten und der Soße als Beilagen servieren. **Ergibt 4 Portionen.**

Was wäre die Türkei ohne Rakı? Dieser »Raketenbrennstoff« mit Anisgeschmack ist ein beliebtes soziales Schmiermittel, das meist zu Meze genossen wird. Wahrscheinlich würden nur wenige Türken damit kochen; aber gebackener Fisch schmeckt wunderbar, wenn man ihn mit Raki beträufelt.

GEBACKNER FISCH MIT DILL-BUTTER, RAKI, GERÖSTETEN TOMATEN UND PINIENKERNEN

ZUBEREITUNG

Das Backrohr auf 200 °C vorheizen. Die Butter, den Dill, den Knoblauch, die Zitronenschale und Pfeffer in einer Schüssel gut vermengen.

Mit einem großen, scharfen Messer auf beiden Seiten vier diagonale Schlitze in die Fische schneiden und die Buttermischung in die Schlitze streichen. Die Fische nebeneinander auf ein großes und tiefes Bratblech legen und mit Meersalz würzen. Tomaten und Pinienkerne darauf verteilen, dann mit Raki beträufeln. Im Herd 20–25 Minuten backen (oder bis die Fische in der Mitte eben durchgegart sind). Sofort mit grünem Salat und Fladenbrot als Beilagen servieren. **Ergibt 4 Portionen.**

ZUTATEN

80 g Butter, leicht gewärmt
½ Tasse Dill, gehackt
2 Knoblauchzehen, zerstoßen
1½ TL fein geriebene Schale einer unbehandelten Zitrone
frisch gemahlener schwarzer Pfeffer
4 x 350 g ganze Brassen, Schnapper, Barramundi oder andere feste weißfleischige Fische, geputzt
Meersalz
400 g kleine gelbe Rispentomaten
2½ EL Pinienkerne, leicht geröstet (optional)
100 ml Rakı oder Ouzo
grüner Salat als Beilage
Fladenbrot (siehe S. 63) als Beilage

MIT DER FÄHRE INS ÇIYA

Ich weiß nicht mehr, wie ich Çiya, das heute berühmte Restaurant in Kadıkoy auf der asiatischen Seite Istanbuls, entdeckt habe. Seine Existenz ist wohl kaum ein Geheimnis, denn Chefkoch Musa Dağdeverin ist eine kulinarische Legende, nicht nur in der Türkei, sondern auch in Übersee. Ich weiß nur, dass ich am liebsten ins Çiya gehe, wenn ich in Istanbul hungrig werde. Das liegt auch daran, dass man es nur mit der Fähre erreicht. Eine Fahrt mit der Pendlerfähre gehört zu den unvergesslichen Erlebnissen, die man sich in Istanbul gönnen sollte. Solche Fähren mit ihren Holzsitzen und Holzböden, den gefährlichen Landungsstegen und den Bauchhändlern, die heißen Tee in Gläsern ausschenken, sieht man überall auf dem Bosporus. Sie überqueren das Wasser zwischen etwa 27 Landungsstellen und winden sich zwischen Fischerbooten und Öltankern hindurch – immer begleitet von einem symbolischen Möwenschwarm. Der Blick auf die Stadt vom Deck einer Fähre aus ist atemberaubend.

Kadıkoy ist zwar kein hübscher Ort, aber er quillt vor Energie über und ist als Kulisse für das »alltägliche« Istanbul unübertroffen. Hier gibt es breite, geschäftige Straßen, gesäumt von Banken und eintönigen Filialgeschäften, hinter denen sich schmuddelige Gassen mit vielen Secondhand-Buchläden und Antiquitätengeschäften verbergen. Es gibt alte Moscheen, ein paar historische Kirchen und sogar eine der ältesten Synagogen Istanbuls, die Hemdat Israel. Kadıkoy hat auch einen fabelhaften Lebensmittelmarkt entlang der Bahariye Caddesi. Ich bummle gerne durch diesen Markt und probiere etwas Neues, zum Beispiel den »verrückten« Honig vom Schwarzen Meer, Oliven aus Bodrum oder frisch gepflückte Haselnüsse aus Giresun.

Ciya besteht aus mehreren benachbarten Restaurants. Mein Favorit ist das Ciya Sofrasi, wo das täglich wechselnde Menü im lockeren Stil einer Lokanta serviert wird. Diese Restaurants findet man überall in der Türkei. Sie bieten einfache Speisen an, die in Wasserbädern schwimmen. Seit etwa 25 Jahren erforscht und dokumentiert Dağdeverin traditionelle Gerichte, von denen viele vom »Aussterben« bedroht sind. Insofern ist eine Mahlzeit in Ciya eine Art Übung in kulinarischer Anthropologie – man bekommt hier eine Kost, die man anderswo kaum findet. In der Küche werden jährlich mehr als tausend Gerichte der Saison zubereitet: Kastanien-, Lamm-, Apfel-, Zwiebel- und Kichererbsensuppe, Lammkoteletts mit Quitten, mit Lammfleisch gebackene Wollmispeln, gefüllte Milz oder geschmortes Lammfleisch mit Milchdisteln und Zitrone. Die süßen kandierten Früchte und Gemüse sind legendär, und das Geheimnis ihrer juwelengleichen Durchsichtigkeit ist das gründliche Einweichen in Kalkwasser vor dem Kochen. Wie immer verabschiede ich mich mit einem Gefühl tiefer Zufriedenheit und mit dem Versprechen zurückzukehren.

IN SALZ GEBACKENER FISCH MIT ROTE-BETE-SALAT UND PISTAZIEN-TAHIN-SOSSE

ZUTATEN

4 kg grobes Meersalz
2 Eiweiß, leicht geschlagen
3 kg ganze Schnapper, geputzt, aber mit Schuppen

ROTE-BETE-SALAT

1 kg Rote Bete, Stielansatz und Wurzelende entfernt und sauber geschrubbt
300 ml Olivenöl
50 g Rosinen
2 Knoblauchzehen, zerstoßen
1 Eigelb
1 EL Dijon-Senf
60 ml Rotweinessig
Meersalz
frisch gemahlener schwarzer Pfeffer
60 g halb getrocknete schwarze Oliven
1 Radicchio-Kopf, Wurzelansatz und zähe äußere Blätter entfernt, Blätter zerrissen
3 EL Korianderblätter, gehackt

PISTAZIEN-TAHIN-SOSSE

1 dicke Scheibe Bauernbrot vom Vortag ohne Kruste
210 g Pistazien
2 Knoblauchzehen, gehackt
2 EL Tahin
60 ml frisch gepresster Zitronensaft
2½ EL Olivenöl
Meersalz
frisch gemahlener schwarzer Pfeffer

ZUBEREITUNG

Das Backrohr auf 180 °C vorheizen.

Für den Salat die Roten Beten auf ein kleines Backblech legen, 2½ Esslöffel Olivenöl hineingießen und die Beten darin wenden. Anderthalb Stunden rösten (oder bis sie weich sind – prüfen Sie das mit einem Stäbchen). Wenn sie ausreichend abgekühlt sind, die Haut entfernen und die Rüben in 1½ cm dicke Schnitze schneiden. Die Rosinen in eine kleine Schüssel leeren und kochendes Wasser darübergießen, sodass sie eben bedeckt sind. Zehn Minuten einweichen, dann gut abtropfen lassen. Knoblauch, Eigelb, Senf und Essig in einer Schüssel gut vermengen. Unter ständigem Umrühren das restliche Olivenöl in langsamem, stetigem Strom hineingießen, bis die Mischung eingedickt und emulgiert ist. Rosinen einrühren und mit Meersalz und frisch gemahlenem schwarzem Pfeffer würzen. Die Rüben in einer Schüssel mit den Oliven und dem Radicchio verrühren. Die Soße daraufträufeln und den Koriander darüberstreuen. Mit Folie abdecken und in den Kühlschrank stellen.

Für die Soße das Brot in einer mit Wasser gefüllten Schüssel einweichen, dann mit den Händen möglichst viel Wasser auspressen. Mit den Pistazien und dem Knoblauch in einer Küchenmaschine zerkleinern, bis die Kerne sehr fein gemahlen sind. Die restlichen Zutaten dazugeben und gut vermengen. 125 ml Wasser hineingießen und die Pulstaste drücken – der Brei sollte sämig und zähflüssig sein. Mit Meersalz und frisch gemahlenem schwarzem Pfeffer würzen und beiseite stellen.

Die Temperatur des Rohrs auf 220 °C erhöhen. Meersalz und Eiweiß in einer großen Schüssel gut vermengen. Ein Drittel der Salzmischung auf ein Backblech geben, in dem genug Platz für die Fische ist; dann die Fische darauflegen. Die restliche Salzmischung oben auf die Fische pressen, bis sie ganz bedeckt sind (die Schwänze dürfen ein wenig herausragen). Die Fische etwa 55 Minuten backen (oder bis das Salz eine sehr harte Kruste bildet). Mit einem Fleischklopfer die Kruste aufbrechen und das Salz mit den Händen lösen. Die Haut abziehen und wegwerfen, dann den Fisch sofort mit der Pistazien-Tahin-Soße und dem Rote-Bete-Salat als Beilagen servieren. **Ergibt 6–8 Portionen.**

GEBACKENER TINTENFISCH MIT ORANGE, KRÄUTERN UND ROSINEN

ZUTATEN

6 x 200 g Tintenfisch, geputzt – Tuben, Flossen und Tentakel separat aufbewahrt
125 ml natives Olivenöl extra
1 Zwiebel, fein gehackt
3 Knoblauchzehen
50 g Rosinen
50 g Pistazien, gehackt
100 g frische Semmelbrösel
125 g Feta-Käse, gerieben
1 ½ TL fein geriebene unbehandelte Orangenschale
1 Tasse glatte Petersilie, gehackt und etwas mehr zum Servieren
2 EL gehackte Oreganoblätter
½ TL getrocknete Chiliblätter (oder nach Geschmack)
Meersalz
frisch gemahlener schwarzer Pfeffer
1 Ei, leicht geschlagen
700 g Kipfler-Kartoffeln
5 Tomaten, geviertelt
2 rote Paprikaschoten, entkernt, ohne Haut und in 3 cm lange Stücke geschnitten
90 g entsteinte grüne Oliven
1 EL Tomatenmark
310 ml frisch gepressten Orangensaft

ZUBEREITUNG

Die Tintenfischflossen fein hacken. Zwei Esslöffel Olivenöl bei mittlerer bis niedriger Temperatur in einem Topf erhitzen. Zwiebel, Knoblauch, Rosinen und Pistazien dazugeben und 5–7 Minuten (oder bis die Zwiebel etwas weich ist) schmoren. Vom Herd nehmen und leicht abkühlen lassen, dann mit den gehackten Tintenfischflossen sowie Semmelbröseln, Feta, Orangenschalen, Petersilie, Oregano und Chili in eine Schüssel geben und gut vermengen. Mit Meersalz und frisch gemahlenem schwarzem Pfeffer würzen, dann das Ei dazugeben und gut verrühren.

Das Backrohr auf 160 °C vorheizen. Die Füllung vorsichtig in die Tintenfischröhren löffeln, aber nicht zu sehr füllen, damit die Tuben beim Kochen nicht platzen.

Die Kartoffeln, Tomaten, Paprikaschoten, Oliven, das Tomatenmark, das restliche Olivenöl und den Orangensaft auf einem großen Backblech vermengen. Nach Geschmack würzen, dann die gefüllten Tintenfischröhren und die Tentakel einschichtig darauf verteilen. Das Blech gut mit Folie abdecken und 80 Minuten backen (oder bis das Gemüse und der Tintenfisch sehr weich sind). Die zusätzliche Petersilie darüberstreuen und mit grünem Salat als Beilage servieren. **Ergibt 6 Portionen.**

FISCH-PILAKI MIT KNOLLENSELLERIE, ROSA GRAPEFRUITSAFT, TOMATEN UND OREGANO

ZUTATEN

1 große Msp. Safranfäden
700 g Knollensellerie, Blattansatz und Wurzelenden entfernt
60 ml frisch gepresster Zitronensaft
125 ml natives Olivenöl extra
2 Zwiebeln, fein gehackt
500 ml frisch gepresster rosa Grapefruitsaft
1 frisches Lorbeerblatt, zerkleinert
Meersalz
frisch gemahlener schwarzer Pfeffer
3 Strauchtomaten, geputzt und fein gehackt
60 g ligurische oder andere Oliven
6 x 175 g Schnapper-Filets mit Haut
Mehl zum Bestäuben
2 EL gehackter Oregano

ZUBEREITUNG

Den Safran in eine Schüssel mit 2 EL heißem Wasser schütten und eine Stunde (oder bis das Wasser tieforange ist) stehen lassen. Den Sellerie schälen, in 8 mm starke Stücke schneiden und in eine Schüssel mit Zitronenwasser (siehe Anmerkung S. 107) geben.

80 ml Olivenöl in einem Topf bei mittlerer bis niedriger Temperatur erhitzen. Die Zwiebeln dazugeben und 4–5 Minuten (oder bis sie etwas weich sind) schmoren. Den abgetropften Sellerie dazugeben und darin schwenken. Dann die Safranmischung, den Grapefruitsaft, den Zitronensaft und das Lorbeerblatt dazugeben und 7–8 Minuten leicht sieden (oder bis das Gemüse weich ist). Mit Meersalz und frisch gemahlenem schwarzem Pfeffer würzen, dann Tomaten und Oliven einrühren. Zudecken und warm halten.

Das restliche Olivenöl bei mittlerer Temperatur in einer großen Bratpfanne erhitzen. Den Fisch im Mehl wälzen, überschüssiges Mehl abschütteln, dann 6–7 Minuten (oder bis er eben durchgegart ist) braten. Einmal wenden. Die Fischfilets mit Salz und Pfeffer würzen, auf einem großen Servierteller verteilen und den Sellerie darauflöffeln. Mit dem Oregano bestreuen und sofort bei Zimmertemperatur mit einem grünen Salat als Beilage servieren. **Ergibt 4 Portionen.**

FRITTIERTER TINTENFISCH MIT GEWÜRZEN UND KNOBLAUCHSOSSE

ZUTATEN

100 g Maisstärkemehl
125 g Mehl und etwas mehr zum Bestäuben
½ TL Backpulver
1 TL Salz
300 ml Bier
2½ TL Kreuzkümmel
2½ TL getrocknete Chiliflocken
2½ TL Paprikapulver
1 TL frisch gemahlener schwarzer Pfeffer
Pflanzenöl zum Frittieren
½ Tasse Basilikumblätter
½ Tasse glatte Petersilie
1 kg Tintenfisch, geputzt, Röhren in 12 x 6 cm lange Stücke geschnitten, Tentakel ganz
Zitronenspalten als Beilage

KNOBLAUCHSOSSE

2 dicke Scheiben Bauernbrot vom Vortag ohne Kruste
5 Knoblauchzehen, gehackt
185 ml natives Olivenöl extra
60 ml frisch gepresster Zitronensaft (oder nach Geschmack)
2½ EL glatte Petersilie, gehackt
Meersalz

ZUBEREITUNG

Für die Soße das Brot in einer mit Wasser gefüllten Schüssel einweichen, dann mit den Händen möglichst viel Wasser auspressen. Mit den anderen Zutaten in einer Küchenmaschine zerkleinern, bis eine grobe Paste entsteht. Mit Meersalz würzen und beiseitestellen.

Das Maisstärkemehl, Mehl, Backpulver und Salz in eine Schüssel sieben und in der Mitte eine Mulde formen. Das Bier hineingießen und ständig schlagen, bis ein dünner, sämiger Teig entsteht. Kreuzkümmel, Chili, Paprikapulver und Pfeffer einrühren.

. Eine Frittierpfanne oder eine große, schwere Bratpfanne zu zwei Dritteln mit Öl füllen und auf 180 °C erhitzen (oder bis ein ins Öl geworfenes Brotstückchen in 15 Sekunden goldbraun wird). Basilikum und Petersilie vor dem Garen gut trocknen. Die Kräuter portionsweise jeweils 2–3 Minuten (oder bis sie knusprig sind) frittieren. Behutsam aus dem Öl holen und zum Abtropfen auf einen mit Küchenpapier ausgelegten Teller legen. Dann schnell weiterarbeiten:

Den Tintenfisch kurz im mit Salz, Pfeffer, Paprika und Chiliflocken gewürzten Mehl wälzen und überschüssiges Mehl abschütteln. Die Stücke portionsweise in den Teig tauchen und überschüssigen Teig abtropfen lassen. Dann die Stücke 2 Minuten frittieren (oder bis der Teig aufgequollen und goldbraun ist), mit einem Sieblöffel aus der Pfanne holen und das überschüssige Öl auf Küchenpapier abtropfen lassen. Dieses Verfahren wiederholen, bis alle Tintenfischstücke gar sind.

Die knusprigen Kräuter darüberstreuen und den Tintenfisch sofort mit der Knoblauchsoße und Zitronenspalten als Beilagen servieren. **Ergibt 6 Portionen.**

FISCH-KÖFTE MIT EINGELEGTEN GRÜNEN BOHNEN UND CRÈME FRAÎCHE MIT ZITRONE

ZUBEREITUNG

Für die eingelegten grünen Bohnen: Essig, Knoblauch, Piment, Pfefferkörner, Chilischoten, Lorbeerblatt, Salz und 750 ml Wasser in einem Topf langsam zum Sieden bringen. Umrühren, um das Salz aufzulösen, dann vom Herd nehmen und auf Zimmertemperatur abkühlen lassen. In der Zwischenzeit die Bohnen in einem Topf mit kochendem Wasser 2 Minuten vorgaren. Gut abtropfen lassen, dann in einer großen Schüssel mit Eiswasser kühlen. Abtropfen lassen. Die Bohnen in ein großes, sterilisiertes Glas geben und die Essigmischung hinzugießen. Die Bohnen nach unten drücken, bis sie bedeckt sind. Das Glas fest verschließen und vor Gebrauch mindestens 2 Tage in den Kühlschrank stellen. Sie können die Bohnen in der Essigmischung im Kühlschrank bis zu einen Monat aufbewahren.

Für die Crème fraîche mit Zitrone: Die Crème fraîche und die Zitronenschale in einer kleinen Schüssel vermengen, mit Meersalz und frisch gemahlenem schwarzem Pfeffer würzen, dann mit Folie zudecken und in den Kühlschrank stellen.

Für die Köfte: Die Rosinen in eine kleine Schüssel geben und kochendes Wasser darübergießen, bis diese knapp bedeckt sind. 10 Minuten einweichen, dann gut abtropfen lassen und mit Küchenpapier trocken tupfen. Den Bulgur in eine Schüssel leeren, kaltes Wasser darübergießen, bis er knapp bedeckt ist, und 10 Minuten einweichen. Mit einem feinen Sieb gut abtropfen lassen; dabei mit den Händen möglichst viel Wasser auspressen.

200 g Fisch in 5 mm große Stücke schneiden und beiseitestellen. Die restlichen Fischfilets grob hacken und mit den Rosinen und dem abgetropften Bulgur in einer Küchenmaschine vermengen. Das Tomatenmark, die Pfefferpaste, den Piment, Dill, die Petersilie und Chili dazugeben und zerkleinern, bis ein sämiger Brei entsteht. Mit Meersalz und frisch gemahlenem schwarzem Pfeffer würzen. In eine Schüssel geben und den beiseitegestellten Fisch behutsam einrühren. Mit Folie abdecken und in den Kühlschrank stellen, bis die Mischung etwas fest ist.

Die Mischung nach und nach aus der Schüssel holen – jeweils einen gehäuften Esslöffel – und aus dem Brei leicht zugespitzte Nocken formen. Dann die Köfte leicht mit Mehl bestäuben und überschüssiges Mehl abschütteln.

Das Olivenöl bei mittlerer Temperatur in einer großen, schweren Bratpfanne erhitzen. Die Köfte portionsweise 6–7 Minuten (oder bis sie goldbraun sind) schmoren. Oft wenden und wenn nötig Öl nachgießen. Mit einem Sieblöffel herausholen und auf Küchenpapier abtropfen lassen. Die Köfte mit den eingelegten grünen Bohnen und der Crème fraîche mit Zitrone servieren. **Ergibt 6 Portionen.**

ZUTATEN

2½ EL Rosinen
60 g feiner Bulgur
700 g Königsmakrelenfilets ohne Haut und Gräten
2 TL Tomatenmark
2 TL türkische Pfefferpaste (siehe Anmerkung S. 13)
¾ TL gemahlener Piment
2½ EL gehackter Dill
1 Tasse glatte Petersilie, gehackt
1 große Msp. getrocknete Chiliflocken
Meersalz
frisch gemahlener schwarzer Pfeffer
Mehl zum Bestäuben
125 ml Olivenöl

EINGELEGTE GRÜNE BOHNEN

250 ml Weißweinessig
3 Knoblauchzehen, zerstoßen
1 TL ganze Pimentbeeren
1 TL schwarze Pfefferkörner
4 ganze getrocknete Chilischoten
2 frische Lorbeerblätter, zerstoßen
2 EL Meersalz
750 ml Wasser
500 g grüne Bohnen, Enden gestutzt
Eiswasser

CRÈME FRAÎCHE MIT ZITRONE

250 g Crème fraîche
2½ TL Schale einer unbehandelten Zitrone
Meersalz
frisch gemahlener schwarzer Pfeffer

DER VAN-SEE UND EIN SELTENER, KÖSTLICHER KARPFEN

Ich habe in der Türkei erstaunliche Erfahrungen mit völlig fremden Leuten gemacht, vor allem in Van im Süden des armenischen Hochlandes. Die große Attraktion in diesem Landesteil ist der Van-See, der größte See der Türkei, der an einer Stelle sage und schreibe 119 km breit ist. Im See liegen vier Inseln, und ich bin eingeladen worden, Akdamar, die größte von ihnen, zu besuchen.

Meine neue Freundin begleitet mich auf einer Überfahrt mit dem Fährboot. Auf Akdamar wollen wir die tausend Jahre alte Kathedrale vom Heiligen Kreuz besichtigen, eine architektonisch bedeutende Kirche aus rosa Sandstein, erbaut von armenischen Katholiken. Außen ist sie üppig mit Flachreliefs verziert, die biblische Szenen darstellen. Von der Insel aus schauen wir über den funkelnden See zurück auf das weite, offene Land auf der anderen Seite. Dort formen Bauern aus getrocknetem Gras riesige Heuballen. Hinter diesen Feldern ragen schneebedeckte Berggipfel empor. Es ist ein hinreißend schönes Bild, und darum beenden wir unseren Tagesausflug angemessen mit einer lokalen Delikatesse: Inci Kefalı.

Dieser Karpfen gehört zu den wenigen Fischarten, die im stark alkalischen Van-See (sein pH-Wert beträgt 9,8) überleben können. Er ist hier seit langer Zeit eine wichtige Nahrungsquelle. Jetzt ist die Laichzeit fast vorbei; darum ist es ein Glück, dass wir den Fisch in einem Straßenrestaurant beim Fährhafen noch bekommen. Er wird einfach zubereitet: entweder gekocht, gegrillt oder gebacken. Während der Saison ist dieser Karpfen bei Arbeitern eine beliebte Mahlzeit. Man bringt ihn in großen, rechteckigen Pfannen zum Bäcker, der ihn in seinem Ofen bis Mittag backt. Der Fisch ist nicht leicht zu essen, denn sein Fleisch ist mit feinen, scharfen Gräten gespickt. Aber er schmeckt süß und hat ein nicht unangenehmes erdiges Aroma.

Danach, auf dem Festland, gönnen wir uns im Kurort Edremit einen Zwischenaufenthalt auf den Bergen oberhalb der Stadt. Es ist kühl hier, aber der schimmernde blaue See ist ein fantastischer Anblick. Um uns herum schüren Einheimische ihre Feuer für den Grill am frühen Abend. Frauen sitzen mit Brettern auf den Knien da, hacken Tomaten und Zwiebeln für den Salat und schälen dicke, geschwärzte Paprikaschoten. Sie laden uns zum Essen ein, doch leider sind wir vom Fisch noch »pappsatt«.

Güveç (»Tongefäß«) ist ein einfaches, vollwertiges Gericht, das in der Türkei oft gebacken wird. Man verschließt einen flachen irdenen Topf und erhitzt ihn in einem Tandur-Ofen, der dem Inhalt einen fabelhaften Geschmack verleiht. Beim folgenden Rezept habe ich zwar gemogelt; aber die Aromen sind dennoch wundervoll.

GARNELEN-GÜVEÇ

ZUBEREITUNG

Das Backrohr auf 180 °C vorheizen. Das Olivenöl bei mittlerer Temperatur in einer großen, backofenfesten Bratpfanne erhitzen. Die Zwiebeln hineinleeren und 4–5 Minuten schmoren (oder bis sie anfangen, weich zu werden). Die Paprikaschoten und den Knoblauch dazugeben und unter Umrühren 5 Minuten schmoren. Mit Zucker bestreuen und mit Essig beträufeln, dann in den Herd stellen und 15 Minuten backen (oder bis das Gemüse anfängt, ein wenig braun zu werden). Tomaten, Oregano, Paprikapulver, Piment, Garnelen und Feta dazugeben, mit Meersalz und frisch gemahlenem schwarzem Pfeffer würzen und behutsam vermengen. Wieder in den Herd stellen und weitere 10–15 Minuten backen (oder bis die Garnelen eben gar sind). Mit Petersilie bestreuen und sofort mit dem knusprigen Brot und dem grünen Salat als Beilagen servieren. **Ergibt 6 Portionen.**

ZUTATEN

80 ml natives Olivenöl extra
2 große rote Zwiebeln, in 1½ cm große Stücke geschnitten
2 rote Paprikaschoten ohne Haut und Kerne, in 2 cm große Stücke geschnitten
1 große gelbe Paprikaschote ohne Haut und Kerne, in 2 cm große Stücke geschnitten
4 Knoblauchzehen, gehackt
1 EL Kristallzucker
1½ EL Rotweinessig
500 g Kirschtomaten, halbiert
2½ EL gehackter Oregano
1 TL Paprikapulver
½ TL gemahlener Piment
2 kg rohe Riesengarnelen, geschält und entdarmt
175 g Feta-Käse, grob gerieben
3 EL gehackte glatte Petersilie
Bauernbrotscheiben als Beilage
grüner Salat als Beilage

ANTARKTISCHER BUTTERFISCH MIT SAFRAN-FENCHEL UND MANDEL-TARATOR

ZUTATEN

6 x 185 g Antarktischer Butterfisch mit Haut
2 EL Olivenöl
Pellkartoffeln als Beilage

MANDEL-TARATOR

1 dicke Scheibe Landbrot vom Vortag ohne Kruste
175 g blanchierte Mandeln, gehackt
2 Knoblauchzehen, zerstoßen
½ TL gemahlener Zimt
60 ml Weißweinessig
80 ml natives Olivenöl extra
Meersalz
frisch gemahlener schwarzer Pfeffer

SAFRAN-FENCHEL

½ TL Safranfäden
80 ml Olivenöl
2 Fenchelknollen, Blätter gestutzt und Wurzelenden entfernt, der Länge nach halbiert und in keilförmige Stücke geschnitten
1½ EL frisch gepresster Zitronensaft
2½ TL Kristallzucker
Meersalz
frisch gemahlener schwarzer Pfeffer

ZUBEREITUNG

Für den Mandel-Tarator das Brot in einer Schüssel mit Wasser einweichen, dann mit den Händen möglichst viel Wasser ausdrücken. Das Brot mit den restlichen Zutaten in einer Küchenmaschine zerkleinern, bis eine grobe Paste entsteht. Mit Meersalz und frisch gemahlenem schwarzem Pfeffer würzen. Bei Bedarf etwas Wasser nachgießen – der Tarator sollte dick und sahnig sein. Beiseitestellen.

Für den Safran-Fenchel die Safranfäden 40 Minuten in 2 Esslöffel heißem Wasser einweichen. Das Backrohr auf 180 °C vorheizen. Das Olivenöl in einer schweren Bratpfanne bei mittlerer Temperatur erhitzen. Den Fenchel portionsweise dazugeben und auf beiden Seiten jeweils 3 Minuten (oder bis er leicht goldbraun ist) schmoren. Mit dem ausgetretenen Saft in ein großes Backblech geben. Den Zitronensaft und die Safranmischung darübersprenkeln, mit 2½ TL Zucker bestreuen sowie mit Meersalz und frisch gemahlenem schwarzem Pfeffer würzen. Das Backblech gut mit Folie abdecken und 1–1½ Stunden backen (oder bis der Fenchel sehr weich ist). Bis zum Servieren warm halten.

Den Grill auf mittlere bis hohe Temperatur erhitzen. Den Fisch mit Olivenöl bestreichen, nach Geschmack würzen und auf jeder Seite etwa 3 Minuten grillen. Den Mandel-Tarator darüberlöffeln und das Gericht mit Pellkartoffeln und dem Safran-Fenchel servieren. **Ergibt 6 Portionen.**

TINTENFISCHEINTOPF MIT WEIN, GEWÜRZEN UND KAPERN

ZUBEREITUNG

Das Olivenöl bei mittlerer Temperatur in einem großen Topf erhitzen. Die Zwiebeln, die Karotten und den Knoblauch dazugeben und 5–7 Minuten (oder bis die Zwiebeln etwas weich sind) schmoren. Danach Tintenfisch, Pfefferpaste, Tomatenmark, Paprika, Piment, Chili und Zimt dazugeben und 2 Minuten schmoren (oder bis die Mischung duftet). Den Wein und Essig hineingießen und die Mischung zum Sieden bringen, dann die Hitze auf schwach reduzieren, zudecken und eine Stunde kochen. Den Deckel abnehmen und weitere 30 Minuten sieden lassen (oder bis der Tintenfisch weich ist). Vom Herd nehmen, Kapern und Petersilie einrühren und sofort servieren. **Ergibt 6 Portionen.**

ZUTATEN

- 2½ EL Olivenöl
- 2 Zwiebeln, gehackt
- 2 Karotten, in 5 mm dicke Ringe geschnitten
- 3 Knoblauchzehen, zerstoßen
- 1¼ kg Babytintenfisch, pariert
- 2½ EL türkische Pfefferpaste (siehe Anmerkung S. 13)
- 1½ EL Tomatenmark
- 2 TL Paprikapulver
- 1½ TL gemahlener Piment
- 1 TL getrocknete Chiliflocken
- 1 Zimtstange
- 300 ml Rotwein
- 1½ EL Rotweinessig
- 90 g Kapern
- ½ Tasse gehackte glatte Petersilie

SARDINEN MIT THYMIAN-PAPRIKA-BRÖSELN UND KARTOFFEL-KNOBLAUCH-PÜREE

ZUBEREITUNG

Für das Kartoffel-Knoblauch-Püree die Kartoffeln in einem Topf mit kochendem Wasser 15–20 Minuten (oder bis sie weich sind) kochen. Dann durch eine Kartoffelpresse in eine Schüssel drücken oder einen Kartoffelstampfer verwenden. Die restlichen Zutaten dazugeben, gut vermengen und mit Meersalz und frisch gemahlenem schwarzem Pfeffer würzen. Beiseitestellen und warm halten.

Das Backrohr auf 180 °C vorheizen. 80 ml Olivenöl in einer schweren, backofenfesten Bratpfanne bei mittlerer Temperatur erhitzen. Semmelbrösel, Zwiebel, Knoblauch, Paprikapulver und Chiliflocken dazugeben und gut vermengen. 20 Minuten (oder bis die Mischung goldbraun ist) backen, dann vom Herd nehmen. Thymian, Oliven und Mandeln dazugeben, gut vermengen und nach Geschmack würzen. Leicht abkühlen lassen.

Den Boden und die Seiten einer quadratischen (26 x 26 cm) Keramikbackform mit 1½ Esslöffel Olivenöl einfetten. Einen knappen Esslöffel der Bröselmischung auf das Kopfende jedes Sardinenfilets löffeln und dieses Ende zum Schwanzende hin aufrollen. Die zusammengerollten Sardinenfilets in die Backform legen. Restliche Bröselmischung (falls vorhanden) darauf verteilen und restliches Olivenöl darüberträufeln. Die Sardinen 20 Minuten backen (oder bis sie eben gar sind). Heiß oder bei Zimmertemperatur mit dem Kartoffel-Knoblauch-Püree und den Zitronenspalten als Beilagen servieren. **Ergibt 6–8 Portionen.**

ZUTATEN

150 ml natives Olivenöl extra
100 g Semmelbrösel
1 kleine Zwiebel, fein gehackt
2 Knoblauchzehen, zerstoßen
1½ TL süßes Paprikapulver
½ TL getrocknete Chiliflocken
3 TL Thymianblätter
50 g schwarze Oliven ohne Kern, gehackt
80 g blanchierte Mandeln, geröstet und gehackt
Meersalz
frisch gemahlener schwarzer Pfeffer
24 Sardinenfilets (etwa 800 g), mit Schmetterlingsschnitt aufgeschnitten
Zitronenspalten als Beilage

KARTOFFEL-KNOBLAUCH-PÜREE

450 g Kartoffeln (vorwiegend festkochend), geschält und halbiert
3–4 Knoblauchzehen, zerstoßen
2½ EL Weißweinessig
125 ml natives Olivenöl extra
Meersalz
frisch gemahlener schwarzer Pfeffer

HAYAT
CADDESİ
BALIKÇI
DERYA

SCHWERTFISCH-KEBAB MIT SELLERIE-ORANGEN-WALNUSS-SALAT

ZUTATEN

12 Holzspieße
4 x 200 g Schwertfischsteaks ohne Haut und Gräten
2 Knoblauchzehen, zerstoßen
250 ml frisch gepresster Orangensaft
80 ml natives Olivenöl extra
2 EL gehackter Dill

SELLERIE-ORANGEN-WALNUSS-SALAT

100 ml frisch gepresster Orangensaft
2 TL fein geriebene unbehandelte Orangenschale
600 g Knollensellerie, Blattansatz und Wurzeln entfernt und geschält
1 Knoblauchzehe, zerstoßen
35 g Walnüsse, gehackt
Meersalz
frisch gemahlener schwarzer Pfeffer
2 Orangen, geschält, weiße Schale entfernt, in 5 mm dicke Scheiben geschnitten

ZUBEREITUNG

12 Holzspieße 30 Minuten in Wasser einweichen, dann gut abtropfen lassen. Die Schwertfischsteaks in 3 cm große Stücke schneiden. In einer Schüssel mit Knoblauch, Orangensaft, 60 ml Olivenöl und Dill vermengen. Mit Plastikfolie abdecken und 2–3 Stunden in den Kühlschrank stellen.

Für den Salat Orangensaft und Orangenschale in einer großen Schüssel vermengen. Den Sellerie der Länge nach in der Mitte durchschneiden; dann zuerst in feine Scheiben und anschließend in sehr dünne Stifte schneiden. Diese sofort in die Orangensaftmischung geben, damit sie nicht braun werden. Vielleicht brauchen Sie etwas mehr Orangensaft, um den Sellerie zu überziehen; aber es darf nicht zu viel sein, weil der Salat sonst zu sehr »schwimmt«. Knoblauch und Walnüsse dazugeben, mit Meersalz und frisch gemahlenem schwarzem Pfeffer würzen und gut vermengen. Kurz vor dem Servieren die Orangenscheiben unter die Mischung heben.

Eine Grillplatte auf mittlere Temperatur vorheizen. Die Fischsteaks abtropfen lassen und auf die eingeweichten Spieße stecken. Mit dem restlichen Öl bestreichen und den Fisch etwa 5 Minuten braten (oder bis er eben gar, aber in der Mitte noch ein wenig rosa ist). Oft wenden. Sofort mit dem Salat servieren. **Ergibt 4 Portionen.**

LACHS, IN WEINBLÄTTERN GEBACKEN, MIT TRAUBENSOSSE

ZUBEREITUNG

Das Backrohr auf 200 °C vorheizen. Jedes Lachsfilet in der Mitte so mit einem Weinblatt umwickeln, dass die Blätter sich auf der Hautseite überlappen. Beiseitestellen.

Den Wein, Traubensaft, Pekmez und Zimt in eine große, backofenfeste Bratpfanne geben und zum Kochen bringen. Die Hitze auf mittel reduzieren und die Mischung 7–8 Minuten sieden lassen (oder bis die Flüssigkeit zur Hälfte verdunstet ist). Den Lachs behutsam einschichtig in die Pfanne legen (Nahtseite der Weinblätter nach unten), dann die Lorbeerblätter zwischen die Fischfilets stecken und Weintrauben darüberstreuen. 8–10 Minuten backen (oder bis er eben gar, aber in der Mitte noch ein wenig rosa ist). Aus dem Rohr holen und sofort servieren. **Ergibt 6 Portionen.**

ZUTATEN

12 x 100 g Lachsfilets ohne Haut und Gräten
12 große Weinblätter aus der Dose, gut gespült und getrocknet
250 ml Rotwein
250 ml Traubensaft
2½ EL Pekmez (siehe Anmerkung S. 73)
1½ Zimtstangen, zerbrochen
5 frische Lorbeerblätter
360 g kernlose schwarze Weintrauben, halbiert

GEFLÜGEL UND FLEISCH

Fleisch ist ein wichtiger Bestandteil der türkischen Kost. Rindfleisch und Geflügel werden gerne verspeist; doch wenn ein Türke »Fleisch« sagt, meint er meist Lamm- oder Hammelfleisch. An Wochenenden oder langen Sommerabenden packen viele türkische Familien ihren tragbaren *Mangal* (Holzkohlegrill) zusammen, bringen ihn in den Park oder an den Strand und zünden ein Feuer an. Ganze Tiere werden nur aus besonderem Anlass gegrillt; ansonsten bestehen Grillgerichte meist aus fein gehacktem oder aufgeschnittenem Fleisch, das mit Gemüse oder Obst zubereitet wird – vermutlich ein Erbe der osmanischen Ära. Da die Türkei ein islamisches Land ist, muss Fleisch *halal* sein, und es wird immer gründlich gegart.

HÜHNERLEBER-KEBAB MIT KASTANIEN-PILAW UND ROSINEN-HOŞAF

ZUBEREITUNG

Für das Rosinen-Hoşaf die Rosinen in eine Schüssel geben und mit 185 ml kochendem Wasser übergießen. 30 Minuten einweichen, dann samt Flüssigkeit in einen Topf gießen und den Zucker einstreuen. Langsam zum Sieden bringen und etwa 15 Minuten kochen (oder bis die Flüssigkeit teilweise verdampft ist und sirupartig aussieht). Vom Herd nehmen und abkühlen lassen. In einem luftdichten Behälter ist Hoşaf im Kühlschrank sehr lange haltbar.

Jede Hühnerleber der Breite nach in Drittel schneiden. In einer Schüssel mit Knoblauch, Nelken und Olivenöl vermengen, dann mit Frischhaltefolie abdecken und 2–3 Stunden in den Kühlschrank stellen.

Das Backrohr auf 180 °C vorheizen.

Für den Kastanien-Pilaw mit einem kleinen, scharfen Messer ein kleines Kreuz unten in die Kastanien schneiden. Dann die Kastanien auf ein Bratblech legen und 20 Minuten braten. Etwas abkühlen lassen, dann die papierartige äußere Schicht abziehen.

Den Bulgur gut spülen und abtropfen lassen. Die Butter bei mittlerer Temperatur in einem Topf erhitzen. Die Zwiebel dazugeben und 5–7 Minuten (oder bis sie weich ist) schmoren. Rosmarin, Bulgur und Brühe dazugeben und zum Sieden bringen. Bei mittlerer bis schwacher Hitze 7–8 Minuten kochen (oder bis die Flüssigkeit vollständig absorbiert ist), dann rasch die Kastanien hineinleeren und gut umrühren. Vom Herd nehmen, zudecken und 15 Minuten (oder bis der Bulgur weich ist) stehen lassen. Mit Meersalz und frisch gemahlenem schwarzem Pfeffer würzen und mit einer Gabel gut umrühren.

In der Zwischenzeit die Hühnerleber abtropfen lassen und auf acht Metallspieße stecken. Gut mit Salz und Pfeffer würzen. Eine Grillpfanne auf mittlere bis hohe Temperatur erhitzen und die Leber 5–6 Minuten braten, bis sie außen stark gebräunt, aber in der Mitte noch ein wenig rosa ist. Gelegentlich umdrehen. Kastanien-Pilaw und Rosinen-Hoşaf darüberlöffeln und sofort servieren. **Ergibt 4 Portionen.**

ZUTATEN

750 g Hühnerleber, pariert
3 Knoblauchzehen, zerstoßen
1 dicke Msp. gemahlene Nelken
60 ml natives Olivenöl extra

KASTANIEN-PILAW

500 g Esskastanien
350 g grober Bulgur
2½ EL Butter
1 Zwiebel gehackt
2½ TL gehackter Rosmarin
600 ml Hühnerbrühe
Meersalz
frisch gemahlener schwarzer Pfeffer

ROSINEN-HOŞAF

60 g Rosinen
185 ml kochendes Wasser
110 g Kristallzucker

HUHN IN JOGHURT MIT GEHACKTEM GRÜNEM SALAT

ZUTATEN

125 g Joghurt türkischer Art und etwas mehr zum Servieren
2 TL süßes Paprikapulver
1 TL gemahlener Zimt
1 TL Cayennepfeffer (oder nach Geschmack)
3 Knoblauchzehen, sehr fein gehackt
2 ½ EL frisch gepresster Zitronensaft
2 ½ EL natives Olivenöl extra und etwas mehr zum Kochen
½ TL frisch gemahlener schwarzer Pfeffer
½ Zwiebel, grob gerieben
2 Hühner aus Freilandhaltung (je 1 kg), jeweils in 8 Stücke geschnitten
Meersalz
Fladenbrot (siehe S. 63) als Beilage

GEHACKTER GRÜNER SALAT

2 Knoblauchzehen, zerstoßen
80 ml natives Olivenöl extra
1 EL frisch gepresster Zitronensaft
1 ½ TL Kristallzucker
½ TL getrocknete Chiliflocken
Meersalz
frisch gemahlener schwarzer Pfeffer
4 grüne Tomaten
4 kurze Gurken
2 grüne Zwiebeln, in dünne Scheiben geschnitten
1 grüne Paprikaschote ohne Kerne und Haut
¼ Tasse glatte Petersilie, gehackt
½ Tasse gehackte Korianderblätter

ZUBEREITUNG

Für das Huhn alle Zutaten außer dem Huhn in einer großen Schüssel gut vermengen. Die Hühnerstücke dazugeben und darin wenden, dann mit Frischhaltefolie abdecken und 3 Stunden oder über Nacht in den Kühlschrank stellen.

Für den Salat Knoblauch, Olivenöl, Zitronensaft, Zucker und Chili in einer Schüssel vermengen. Nach Geschmack mit Meersalz und frisch gemahlenem schwarzem Pfeffer würzen und gut verquirlen. Die Tomaten, Gurken und Paprika jeweils in 5 mm große Stücke schneiden und zusammen mit den restlichen Zutaten in einer großen Schüssel behutsam vermengen, dann die Soße dazugeben und wälzen. Beiseitestellen.

Die Hühnerstücke abtropfen lassen und mit den Händen so viel Marinade wie möglich entfernen. Eine Grillpfanne auf mittlere Temperatur erhitzen. Die Hühnerstücke mit Olivenöl bestreichen, mit Meersalz und frisch gemahlenem schwarzem Pfeffer würzen und etwa 15–20 Minuten braten, bis sie eben gar sind. Gelegentlich wenden. Mit dem gehackten grünen Salat, etwas Joghurt und dem Fladenbrot als Beilagen servieren. **Ergibt 4 Portionen.**

AUBERGINEN UND KALBSKEBAB

ZUTATEN

900 g (2 große) Auberginen
Meersalz
natives Olivenöl extra zum Kochen
800 g Kalbshackfleisch
2 dicke Scheiben Bauernbrot vom Vortag ohne Kruste, in 5 mm große Stücke geschnitten
1 Zwiebel, gerieben
2 Knoblauchzehen, zerstoßen
2 TL gemahlener Kreuzkümmel
1½ Tl süßes Paprikapulver
½ TL getrocknete Chiliflocken
½ TL Meersalz
½ TL frisch gemahlener schwarzer Pfeffer
2½ EL gehackte Oreganoblätter
2½ EL gehackte glatte Petersilie
2 Eier, leicht geschlagen
125 g Feta-Käse, zerbröckelt
250 ml Hühnerbrühe
2 EL türkische Pfefferpaste (siehe Anmerkung S. 13)
400 g pürierte Tomaten aus der Dose

ZUBEREITUNG

Den Strunk der Auberginen entfernen, die Auberginen der Breite nach halbieren und in 2 cm dicke Scheiben schneiden. Die Scheiben in einem Sieb aufeinanderschichten und dabei mit Salz bestreuen; dann 30 Minuten beiseitestellen. Gut waschen und mit Küchenpapier trocken tupfen. Eine große, schwere Bratpfanne auf mittlere Temperatur erhitzen. Die Auberginenscheiben gut mit Olivenöl bestreichen und portionsweise auf jeder Seite 1–2 Minuten (oder bis sie leicht gebräunt sind) braten. Dann aus der Pfanne holen und beiseitestellen.

Das Backrohr auf 180 °C vorheizen.

Kalbfleisch, Brot, Zwiebel, Knoblauch, Kreuzkümmel, Paprikapulver, Chili, Salz, Pfeffer, Oregano und Petersilie in einer großen Schüssel vermengen, dann die Mischung mit den Händen gut kneten, bis sie sämig wird. Das Ei dazugeben und vermengen. Behutsam den Feta dazugeben – er sollte nicht zu sehr zerbrechen. Mit den Händen aus der Mischung etwa 5 cm dicke Kugeln formen und diese ein wenig flach drücken, bis sie Frikadellen gleichen. Abwechselnd Auberginenscheiben und Fleischbällchen in eine große, runde Backform legen. Brühe, Pfefferpaste und pürierte Tomaten in einer Schüssel vermengen. In die Backform geben und alles 70 Minuten backen (oder bis das Fleisch gar ist). **Ergibt 6 Portionen.**

KÖFTE MIT NELKEN UND PINIENKERNEN, WEISSE-BOHNEN-SALAT UND PETERSILIE-TAHIN-SOSSE

ZUTATEN

600 g Lammhackfleisch
80 g frische Brotkrumen
1 Zwiebel, sehr fein gehackt
2 Knoblauchzehen, zerstoßen
¾ TL gemahlene Nelken
½ TL gemahlener Piment
80 g Pinienkerne
Meersalz
frisch gemahlener schwarzer Pfeffer
125 ml natives Olivenöl extra
Bauernbrot zum Servieren
Zitronenspalten zum Servieren

PETERSILIE-TAHIN-SOSSE

60 ml Tahin
55 ml frisch gepresster Zitronensaft (oder nach Geschmack)
½ Zwiebel, fein gehackt
2 Knoblauchzehen, gehackt
125 ml natives Olivenöl extra
2 Tassen glatte Petersilie
½ TL getrocknete Chiliflocken

WEISSE-BOHNEN-SALAT

140 g getrocknete weiße Bohnen, über Nacht eingeweicht und abgetropft
2 große rote Zwiebeln, in dünne Scheiben geschnitten
2 TL Meersalz
2½ EL Rotweinessig
1½ TL Gewürzsumach

ZUBEREITUNG

Für den Bohnensalat die Bohnen 45 Minuten (oder bis sie weich sind) kochen, dann gut abtropfen und abkühlen lassen. In der Zwischenzeit die Zwiebelscheiben in einer Schüssel im Salz wälzen, mit Essig beträufeln und 45 Minuten stehen lassen (oder bis die Zwiebelscheiben etwas weich sind). Behutsam die Bohnen einrühren, die Mischung in eine Schüssel leeren und mit Gewürzsumach bestreuen.

Für die Soße alle Zutaten in eine Küchenmaschine geben und fein hacken. Bei laufendem Motor 125 ml Wasser hineingießen, sodass eine dicke, sahnige Soße entsteht. Mit Meersalz und frisch gemahlenem schwarzem Pfeffer würzen, dann in eine Schüssel leeren und beiseitestellen.

Für die Köfte das Lammfleisch, die Brotkrumen, Zwiebel, den Knoblauch und die Gewürze in die Schüssel eines elektrischen Mixers mit Rührbesen schütten und bei mittlerer Geschwindigkeit 5 Minuten zerkleinern (oder bis die Mischung sämig ist). (Sie können den Köfteteig auch in einer großen Schüssel 10–12 Minuten mit den Händen kneten, bis er elastisch ist.) Die Pinienkerne dazugeben, mit Meersalz und frisch gemahlenem schwarzem Pfeffer würzen und mit den Händen vermengen.

Aus jeweils einem gehäuften Esslöffel Teig ein Oval formen. Drei Esslöffel Öl in einer großen, schweren Bratpfanne erhitzen und die Köfte portionsweise 7 Minuten braten, bis sie goldbraun und durchgegart sind. Oft wenden. Dann mit dem Bohnensalat und der Soße als Beilagen servieren. **Ergibt 4 Portionen.**

Jahni ist ein Eintopfgericht, das mit braunen Zwiebeln und einer einfachen Brühe zubereitet wird. In der Türkei gibt es viele Varianten davon. Dieses Jahni schmeckt am besten mit einem schlichten Pilaw – Reis oder Bulgur – und einem frischen grünen Salat.

JAHNI MIT LAMMFLEISCH, FEIGEN UND ZWIEBELN

ZUTATEN

300 g getrocknete Feigen ohne Stiele
250 ml kochendes Wasser
100 ml natives Olivenöl extra
5 braune Zwiebeln, geschält, Wurzelende intakt, der Länge nach geviertelt
6 Vorderviertelkoteletts vom Lamm, ohne übermäßiges Fett, halbiert
75 g Mehl, gewürzt
2 EL Tomatenmark
1 TL gemahlener Piment
250 ml Rotwein
125 ml Hühnerbrühe
2 frische Lorbeerblätter

ZUBEREITUNG

Die Feigen in einer kleinen Schüssel mit 250 ml kochendem Wasser 45 Minuten einweichen.

Das Backrohr auf 170 °C vorheizen.

Die Hälfte des Olivenöls in einer großen, feuerbeständigen Auflaufform bei mittlerer Temperatur erhitzen. Die Zwiebeln dazugeben und unter häufigem Umrühren 15 Minuten (oder bis sie ganz goldbraun sind) schmoren. Dann in eine Schüssel legen.

Das Lammfleisch leicht mit Mehl bestäuben und überschüssiges Mehl abschütteln. Das restliche Olivenöl in der gleichen Auflaufform bei mittlerer Temperatur erhitzen. Das Lammfleisch portionsweise dazugeben und 6 Minuten braten – einmal wenden –, bis es ganz goldbraun ist; dann in die Schüssel mit den Zwiebeln schütten. Das Tomatenmark und den Piment in die Auflaufform geben und eine Minute unter ständigem Umrühren dünsten. Den Wein einrühren, zum Kochen bringen und 3–4 Minuten (oder bis ein wenig Wein verdampft ist) kochen. Dann Brühe, Feigen mit Einweichflüssigkeit, Lammfleisch, Zwiebeln und Lorbeerblätter dazugeben. Zum Sieden bringen, zudecken und 1½ Stunden (oder bis das Fleisch sehr zart ist) im Rohr schmoren. Die Lorbeerblätter entfernen und das Gericht mit knusprigem Brot servieren. **Ergibt 6 Portionen.**

ES GIBT VIELE WEGE ZUM KEBAB

Ich habe überall im Land Kebab gegessen. Im Türkischen bedeutet Kebab einfach »gekochtes Fleisch«. Jede Region hat ihre eigenen Rezepte, und einige sind so berühmt, dass man sie im ganzen Land zubereitet. Das gilt auch für den würzigen Adana-Kebab – Hackfleisch an einem langen Spieß, über Holzkohle gegrillt –, der nach der Stadt Adana benannt wurde. Traditionell wird das Fleisch mit einem riesigen, säbelähnlichen Messer namens *Zırh* geschnitten. Puristen behaupten, das fertige Gericht habe nicht die richtige Konsistenz, wenn es auf andere Weise gehackt wurde.

Heute gibt es nicht mehr viele Restaurants, die Kebab gemächlich mit einem *zırh* zubereiten. Einmal, als ich in Gaziantep war, stolperte ich zum Glück über den Sacir Cardessi, eine Fußgängerzone mit vielen schlichten Kebab-Buden. Hier bereitet man Kebab aus einheimischen Fettschwanzschafen namens *Helvik* zu, die auf ihren Weiden wilde Bergkräuter fressen. Von den Holzkohlegrills steigen dichte Rauchschwaden auf, und auf dem Rost brutzelt das Fleisch an großen Spießen. Stämmige Männer beaufsichtigen das Grillen und wenden die saftigen Brocken überaus sorgsam und gewandt.

Vielleicht sieht es nicht so aus; aber man muss geschickt sein, um Kebab zu grillen. Ein guter Kebab braucht eine Menge Lammfett (etwa vierzig Prozent), damit er aromatisch und saftig wird. Zudem muss man die Hitze präzise regulieren, der Abstand zwischen Fleisch und Feuer muss stimmen, und man muss das Fleisch regelmäßig wenden, damit das Fett genau zur gleichen Zeit schmilzt. Und die ganze Zeit über muss der Koch den Saft mit Fladenbrotstücken abschöpfen, damit er nicht auf die Kohle tropft und ein Auflodern der Flammen auslöst. Dafür sind enorme Konzentration und viel Erfahrung notwendig – hier wird das Grillen zur Kunst!

Darum gibt es so viele Kebab-Varianten. In Erzurum esse ich Cağ-Kebab, aus Lammfleischscheiben auf einem langen Spieß, die von einer gewürzten Rinderhackmischung zusammengehalten werden. Die voluminöse Masse röstet horizontal über einem Holzfeuer, und ständig werden zarte, saftige Stücke nach Bestellung abgeschnitten. In Malatya probiere ich Kağıt-Kebab, die lokale Spezialität: Fleischscheiben werden in dickes, öliges Papier gewickelt und langsam gebacken, sodass der aromatische Saft im Inneren des Fleisches bleibt und es durchdringt. Während der Saison bekommt man auch Aprikosen-Kebab und in Gaziantep den lokalen Mispel-Kebab. Wie schade, dass ich zur falschen Zeit hier bin und sie nicht genießen kann!

PISTAZIEN-KEBAB MIT TOMATEN-CHILI-SOSSE

ZUTATEN

850 g Rinderhackfleisch
2 EL türkische Pfefferpaste (siehe Anmerkung S. 13)
3 TL Baharat (siehe Anmerkung unten)
1 TL Chilipulver
1 Eiklar
140 g Pistazien, fein gehackt
1 große Zwiebel, gerieben
1½ TL Meersalz
1½ TL frisch gemahlener schwarzer Pfeffer
200 g kleine längliche Paprikaschoten
300 g kleine, feste, reife Tomaten
3 rote Zwiebeln, geschält und in dicke Stücke geschnitten (Wurzelenden intakt lassen)
natives Olivenöl extra zum Kochen

TOMATEN-CHILI-SOSSE

2 EL natives Olivenöl extra
1 Zwiebel, fein gehackt
2 Knoblauchzehen, gehackt
2 rote Chilischoten, fein gehackt
2 EL Tomatenmark
1 EL Zucker
800 g gehackte Tomaten aus der Dose

ZUBEREITUNG

Für die Soße das Olivenöl bei mittlerer Temperatur in einem Topf erhitzen. Die Zwiebeln und den Knoblauch dazugeben und 5–7 Minuten schmoren. Chili und Tomatenmark dazugeben und unter ständigem Umrühren weitere 2 Minuten schmoren. Dann den Zucker und die Tomaten dazugeben. Zum Sieden bringen, die Hitze auf schwach verringern und 35 Minuten schmoren – gelegentlich umrühren –, bis die Flüssigkeit zu einem kleinen Teil verdampft und die Soße dicker ist. Vom Herd nehmen und warm halten.

Das Rindfleisch, die Pfefferpaste, Baharat und Chilipulver mit einem elektrischen Mixer mit Rührbesen bei geringer Geschwindigkeit 7–8 Minuten zerkleinern (oder bis die Mischung sämig und etwas elastisch ist). Dann Eiklar, Pistazien, Zwiebel, Salz und Pfeffer dazugeben und weitere 4–5 Minuten zerkleinern (oder bis die Mischung sämig und etwas klebrig ist). Sie können die Zutaten auch in einer großen Schüssel vermengen und mit den Händen kneten, bis die Mischung elastisch ist. Die Masse in 12 gleich große Portionen teilen und mit den Händen zu etwa 16 cm langen Würsten ausrollen. Jede Wurst auf einen großen, flachen Metallspieß stecken und ein wenig flach drücken.

Einen Holzkohlegrill auf mittlere bis hohe Temperatur vorheizen. Das Gemüse auf allen Seiten mit Olivenöl bestreichen und 6–8 Minuten grillen – wenn nötig portionsweise –, bis es stark gebräunt und weich ist. Oft wenden. Dann auf einem Teller verteilen.

Die Kebabs ganz mit Olivenöl bestreichen und – wenn nötig portionsweise – auf beiden Seiten etwa 3 Minuten (oder bis sie eben gar sind) grillen. Mit der Tomaten-Chili-Soße und dem gegrillten Gemüse als Beilagen servieren. **Ergibt 6 Portionen.**

Anmerkung: Baharat ist eine in der Türkei und im Nahen Osten gebräuchliche Gewürzmischung. Die Zusammensetzung ist unterschiedlich, aber Piment, Pfefferkörner, Nelken, Zimt, Kreuzkümmel und Paprika sind üblich, in der Türkei auch getrocknete Minze. Sie bekommen Baharat-Gewürzmischung in Läden, die Produkte aus dem Nahen Osten führen.

يا لطيف يا الله
يا مجيد يا الله
يا حبيب يا الله
يا برهان يا الله
يا مستعان يا الله

Dieses Gericht geht zweifellos auf die osmanische Küche zurück, in der Obst und Nüsse in Fleischspeisen nicht ungewöhnlich waren. Dieses Hühnergericht mit getrockneten Aprikosen und Safran schmeckt am besten mit einer Prise gehackter Pistazien oder gerösteter Mandeln, die zusätzliche Aromen liefern.

MAHMUDIYE

ZUTATEN

150 g getrocknete Aprikosen
1 dicke Msp. Safranfäden
25 g Butter, zerkleinert
16 kleine Perlzwiebeln, geschält und halbiert, Wurzelenden intakt
1 Huhn aus Freilandhaltung (1 ¼ kg), in 8 Stücke geschnitten
40 g Sultaninen
250 ml Hühnerbrühe
1 Zimtstange
1 EL Honig
Meersalz
frisch gemahlener schwarzer Pfeffer
1 EL frisch gepresster Zitronensaft

ZUBEREITUNG

Die Aprikosen in einer kleinen Schüssel mit 250 ml kochendem Wasser übergießen. Eine Stunde (oder bis sie etwas weich sind) einweichen. Den Safran in einer kleinen Schüssel mit 2 Esslöffeln heißem Wasser 30 Minuten ziehen lassen.

Die Hälfte der Butter in einer großen, feuerbeständigen Auflaufform bei mittlerer Hitze schmelzen. Die Zwiebeln dazugeben und 6–7 Minuten (oder bis sie leicht goldbraun sind) schmoren. Dann die Zwiebeln mit einem Sieblöffel herausholen. Das Hühnerfleisch in die Auflaufform geben und 6 Minuten garen, bis es ganz angebraten ist. Häufig wenden. Zwiebeln, Aprikosen, Einweichflüssigkeit, Sultaninen, Brühe, Safranflüssigkeit, Zimt und Honig in die Auflaufform geben und mit Meersalz und frisch gemahlenem schwarzem Pfeffer würzen. Zum Sieden bringen, dann die Hitze auf schwach reduzieren, zudecken und 35–40 Minuten (oder bis das Huhn zart ist) kochen. Den Zitronensaft einrühren, dann auf Servierteller verteilen und sofort mit Pellkartoffeln und grünem Salat als Beilagen servieren. **Ergibt 4 Portionen.**

BAHARAT-KALBFLEISCH MIT BROT-KÜRBIS-FEIGEN-SALAT

ZUTATEN

2 TL Baharat (siehe Anmerkung S. 196)
1 EL Mehl
Meersalz
frisch gemahlener schwarzer Pfeffer
1,2 kg Kalbfleisch (Bratenstück aus der Hochrippe), pariert
170 ml natives Olivenöl extra
2 ½ EL Rotweinessig
3 TL Kristallzucker
700 g Winterkürbis, geschält, entkernt und in 5 mm dicke Scheiben geschnitten
6–8 feste reife Feigen, gesäubert und der Länge nach halbiert
6 dicke Scheiben Bauernbrot
150 g Rucola

ZUBEREITUNG

Das Backrohr auf 180 °C vorheizen. Baharat und Mehl in einer Schüssel vermengen und mit Meersalz und frisch gemahlenem schwarzem Pfeffer würzen. Das Kalbfleisch auf allen Seiten mit dieser Mischung abreiben, überschüssiges Mehl abschütteln. 1 ½ Esslöffel Olivenöl in einer großen, backofenfesten Bratpfanne bei mittlerer bis hoher Temperatur erhitzen. Das Fleisch hineinlegen und 3–4 Minuten braten (oder bis es auf allen Seiten angebräunt ist). Die Pfanne dann in das Rohr stellen und 35–40 Minuten backen (oder bis das Fleisch eben gar ist – es sollte in der Mitte noch etwas rosa sein). Dann die Pfanne aus dem Rohr nehmen, lose mit Alufolie abdecken und 10 Minuten beiseitestellen.

In der Zwischenzeit eine Grillpfanne auf mittlere bis hohe Temperatur erhitzen. Essig und Zucker in einer kleinen Schüssel vermengen, bis der Zucker sich aufgelöst hat. Beiseitestellen. Die Kürbisscheiben in einer Schüssel mit 80 ml Olivenöl wenden, portionsweise auf jeder Seite etwa 3 Minuten (oder bis sie weich sind) grillen und dann in eine große Schüssel legen. Die Feigen mit einem Esslöffel Olivenöl bestreichen und mit der Schnittfläche nach unten 2 Minuten (oder bis sie etwas weicher sind) grillen. Dann wenden, noch einmal 1–2 Minuten grillen und zum Kürbis in die Schüssel legen. Das Brot beidseitig mit dem restlichen Olivenöl bestreichen, auf beiden Seiten 3 Minuten (oder bis es leicht angekohlt und knusprig ist) grillen, dann abkühlen lassen. Die Brotscheiben mit den Händen in grobe Stücke brechen und zu den Kürbisscheiben und Feigen in die Schüssel geben. Den Rucola dazugeben und das Ganze mit der Essigmischung beträufeln, dann behutsam vermengen.

Vor dem Servieren das Kalbfleisch zwischen den Knochen in vier gleich große Stücke schneiden und auf Servierteller verteilen. Die Salatmischung darauflöffeln und sofort servieren. **Ergibt 4 Portionen.**

HÜHNERSCHLEGEL IN AUBERGINEN MIT GERÖSTETEN PAPRIKASCHOTEN UND MANDELN

ZUTATEN

8 Hühnerschlegel ohne Haut, Fleisch und Fett von einem Knochenende entfernt (»french trimmed«)
2 Knoblauchzehen, zerstoßen
60 ml frisch gepresster Zitronensaft
1 EL türkische Pfefferpaste (siehe Anmerkung S. 13)
½ TL gemahlener Piment
170 ml natives Olivenöl extra
2 große Auberginen, Blatt entfernt
Meersalz
3 rote Paprikaschoten, ohne Haut und Kerne, in 4 cm große Stücke geschnitten
1 EL Kristallzucker
125 ml Hühnerbrühe
50 g blanchierte Mandeln, geröstet und gehackt
¼ Tasse Basilikumblätter

ZUBEREITUNG

Mit einem großen, scharfen Messer in jeden Schlegel vier oder fünf Schnitte machen (fast bis zum Knochen). Knoblauch, Zitronensaft, Pfefferpaste, Piment und 60 ml Olivenöl in einer großen Schüssel vermengen und mit Meersalz und frisch gemahlenem schwarzem Pfeffer würzen. Hühnerschlegel dazugeben und gut in der Mischung wenden; dann mit Frischhaltefolie abdecken und 2–3 Stunden in den Kühlschrank stellen.

In der Zwischenzeit die Auberginen der Länge nach in 16 etwa 8 mm dicke Scheiben schneiden. Diese in einem Sieb aufeinanderschichten und leicht mit Salz bestreuen. 30 Minuten abtropfen lassen, dann gut spülen und mit Küchenpapier trocken tupfen. Zwei Esslöffel Olivenöl in einer großen Bratpfanne erhitzen und die Auberginen portionsweise 3–4 Minuten schmoren, bis sie auf beiden Seiten goldbraun sind. Wenn nötig Öl nachgießen. Dann auf einen Teller legen.

Das Backrohr auf 180 °C vorheizen. Die Paprikaschoten auf ein großes Backblech legen, mit 2 Esslöffeln Olivenöl beträufeln und mit dem Zucker bestreuen. 35 Minuten rösten (oder bis die Ränder etwas geschwärzt sind). In eine Schüssel geben und beiseitestellen.

Die Hühnerschlegel gut abtropfen lassen und die Marinade aufheben. Das restliche Olivenöl in einer Pfanne bei mittlerer bis hoher Temperatur erhitzen und das Fleisch 2–3 Minuten (oder bis es ganz goldbraun ist) braten. Einmal wenden.

Jeweils zwei Auberginenscheiben so auf eine saubere Fläche legen, dass sie sich ein wenig überlappen. Einen Hühnerschlegel in die Mitte legen und die Auberginenscheiben hochklappen, bis die Schlegel eingepackt sind. Die Schlegel dann auf ein Backblech legen, mit der aufgehobenen Marinade und der Hühnerbrühe beträufeln und 35 Minuten (oder bis sie gar sind) backen. Mandeln und Basilikum in die Schüssel mit den Paprikaschoten geben und gut vermengen. Die Schlegel auf Serviertellern verteilen und ein wenig Saft aus der Pfanne darüberlöffeln. Sofort mit der Paprikamischung als Beilage servieren. **Ergibt 4 Portionen.**

GÄNSEBRATEN IN KARS UND EIN SCHNELLES PITI

Ich bin nicht scharf auf Sightseeing. Aber es ist ein langer Weg nach Kars, egal wo man startet, und es wäre töricht, nicht 45 Kilometer nach Norden zu fahren und Ani zu besichtigen, die berühmten mittelalterlichen Ruinen der alten armenischen Hauptstadt. Sie sind der Hauptgrund, oft auch der einzige Grund, diese Stadt zu besuchen. Wegen der frostigen türkisch-armenischen Beziehungen und der geschlossenen Grenze, die dem Fluss bei Ani folgt, ist die Stadt fast ein »Niemandsland«.

Die Ruinen von Ani sind sehenswert, und die Fahrt dorthin ist ein netter Morgenausflug; dennoch würde ich, ehrlich gesagt, lieber durch die von Bäumen gesäumten Gassen von Kars streifen. Mit ihren herrlichen alten, neoklassizistischen Bauten in Pastelltönen – ein Erbe der Russen, die in dieser Region bis 1918 regierten – sind sie lohnende Ziele.

»Kar« bedeutet »Schnee«, und in der Tat ist der Winter in dieser Stadt bitterkalt (etwa -20 °C). Dies ist die Saison für die Gänsegerichte, für die Kar berühmt ist. Die Gänse werden in den umliegenden Dörfern gezüchtet und traditionell im Herbst geschlachtet, wenn sie acht Monate alt sind. Danach werden sie gesalzen, getrocknet und für den Winter eingelagert. Während des Winters ist der Gänsemarkt geöffnet, und die Tiere sind teuer – man bezahlt etwa 27 Euro pro Stück.

Nach langer Suche (meist rät man mir, im Januar wiederzukommen) finde ich endlich ein Restaurant, das *Kais Var* verspricht: »Wir haben Gans«. Die Hauptattraktion sind gebratene Gänse von Biohöfen, serviert auf Bulgur-Pilaw mit eingelegtem Gemüse. Früher wurden die Gänse in einem Tandur-Ofen gebraten; doch heutzutage erfüllen Gasöfen ihre Aufgabe erstaunlich gut und liefern köstliches, aromatisches Fleisch.

Bald finde ich heraus, dass das Fleisch in Kars vor allem wegen seines intensiven Geschmacks geschätzt wird. Dann stolpere ich über eine andere lokale Spezialität, in die ich mich sofort verliebe: Piti, eine Kreuzung zwischen Suppe und Eintopf, die in zwei Gängen serviert wird. Lammfleischbrocken, Tomaten und Kichererbsen werden mit einer kräftigen Fleischbrühe vermengt, mit Safran gewürzt und dann in einem großen Emaillekrug sehr lange gekocht. Vor dem Essen wird die Kochflüssigkeit über eine Schüssel mit zerrissenem Lavaş (Brot) gegossen, während die festen Bestandteile auf einem separaten Teller landen.

Abgesehen von der unansehnlichen Zitadelle und der alten armenischen Kirche der Apostel gibt es in Kars wenig zu sehen; aber das stört mich kaum. Wenn ich die Stadt besuche, verspeise ich jeden Tag ein Piti.

CIĞ-KÖFTE

ZUBEREITUNG

Mit einem scharfen Messer Fett, Sehnen und Bindegewebe vollständig vom Fleisch entfernen, damit die Köfte sämig werden. Das Fleisch dreimal durch einen Wolf drehen oder in 1 cm lange Stücke schneiden und in einer Küchenmaschine mit Pulstaste sehr fein zerkleinern.

Den Bulgur in eine Schüssel geben, knapp mit kaltem Wasser bedecken und 10 Minuten einweichen. In einem feinen Sieb gut abtropfen lassen und mit den Händen möglichst viel Wasser herausdrücken.

Die Fleischmasse in eine Schüssel geben. Bulgur, Tomaten, Zwiebel, Knoblauch, Pfefferpaste, Tomatenmark, Granatapfelsirup, Piment, Kreuzkümmel, Chili, Petersilie und Koriander dazugeben. Mit einem elektrischen Mixer mit niedriger Geschwindigkeit verrühren, bis die Mischung sämig und etwas elastisch ist, dann mit Meersalz und frisch gemahlenem schwarzem Pfeffer würzen. Sie können die Köfte auch in einer großen Schüssel 10–12 Minuten mit den Händen kneten, bis sie elastisch sind.

Vor dem Servieren einen Teil der Köfte-Mischung auf das Fladenbrot streichen und ein wenig Zitronensaft daraufträufeln. **Ergibt 6 Portionen.**

ZUTATEN

750 g Rumpsteak vom Lamm
250 g feiner Bulgur
2 Tomaten, grob gerieben
1 große Zwiebel, fein zerkleinert
2 Knoblauchzehen, zerstoßen
1½ EL türkische Pfefferpaste (siehe Anmerkung S. 13)
1 EL Tomatenmark
1½ EL Granatapfelsirup (siehe Anmerkung S. 24)
½ TL gemahlener Piment
1 TL gemahlener Kreuzkümmel
2 TL getrocknete Chiliflocken (oder nach Geschmack)
1 Tasse glatte Petersilie, gehackt
1 Tasse Korianderblätter, gehackt
Meersalz
frisch gemahlener schwarzer Pfeffer
Fladenbrot als Beilage (siehe S. 63)
Zitronenspalten als Beilage

GEBACKENES KANINCHENFLEISCH MIT ZIMTREIS UND ZITRONENSOSSE

ZUTATEN

1,6 kg Kaninchenfleisch, in 8 Stücke geteilt (bitten Sie Ihren Metzger darum)
2 EL natives Olivenöl extra
3 Knoblauchzehen, zerstoßen
Meersalz
frisch gemahlener schwarzer Pfeffer
165 g Pastırma (siehe Anmerkung), in dünne Scheiben geschnitten (optional)
3 frische Lorbeerblätter
100 ml trockener Weißwein

ZIMTREIS

2 EL Olivenöl
1 große Zwiebel, fein gehackt
2 Knoblauchzehen, zerstoßen
60 g Sultaninen
35 g Walnüsse, gehackt
1½ TL gemahlener Zimt
300 g Langkornreis
600 ml Hühnerbrühe
Meersalz
frisch gemahlener schwarzer Pfeffer

ZITRONENSOSSE

1 EL Maisstärkemehl
500 ml Hühnerbrühe
100 ml frisch gepresster Zitronensaft
4 Eigelb, leicht geschlagen
1½ TL fein geriebene unbehandelte Zitronenschale
Meersalz
frisch gemahlener schwarzer Pfeffer

ZUBEREITUNG

Das Backrohr auf 180 °C vorheizen.

Um das Kaninchenfleisch zuzubereiten, Olivenöl und Knoblauch in einer Schüssel vermengen. Die Fleischstücke einschichtig auf einem großen Backblech verteilen und mit der Knoblauch-Öl-Mischung überziehen. Mit Meersalz und frisch gemahlenem schwarzem Pfeffer würzen, dann Pastırma-Scheiben so darauflegen, dass sie sich ein wenig überlappen und das Fleisch bedecken. Lorbeerblätter und Wein dazugeben, gut mit Alufolie abdecken und 50–60 Minuten (oder bis das Fleisch weich ist) backen. Dann aus dem Herd nehmen und 10 Minuten stehen lassen.

Für die Zitronensoße das Maisstärkemehl in einer kleinen Schüssel mit so viel Hühnerbrühe vermengen, dass eine sämige Paste entsteht. Die restliche Brühe in einem kleinen Topf mit dem Zitronensaft vermengen und zum Kochen bringen. Unter ständigem Schlagen die Maisstärkemehlpaste dazugeben und zum Kochen bringen. Rühren, bis die Mischung etwas dicker ist. Dann vom Herd nehmen und ein wenig abkühlen lassen. Die Eigelb in einer kleinen Schüssel mit 125 ml der Brühemischung vermengen und rühren, bis die Soße sämig wird. Dann wieder in die Brühe im Topf geben und unter ständigem Umrühren bei mittlerer Hitze etwa 3 Minuten sieden lassen (oder bis die Soße so dick ist, dass sie den Rücken eines Löffels überzieht – nicht kochen lassen, damit sie nicht gerinnt). Die Zitronenschale einrühren, nach Geschmack salzen sowie pfeffern und warm halten.

In der Zwischenzeit den Zimtreis bereiten. Das Olivenöl bei mittlerer Temperatur in einer großen, feuerbeständigen Auflaufform erhitzen. Zwiebel und Knoblauch dazugeben und 5–6 Minuten braten. Sultaninen, Walnüsse, Zimt und Reis dazugeben und unter ständigem Umrühren 2 Minuten braten. Die Brühe dazugeben, mit Meersalz und frisch gemahlenem schwarzem Pfeffer würzen, zum Kochen bringen und 15 Minuten kochen (oder bis die Flüssigkeit absorbiert ist). Vom Herd nehmen und zugedeckt 5–10 Minuten stehen lassen.

Das Kaninchenfleisch mit dem Zimtreis, der Zitronensoße und einem grünen Salat als Beilagen servieren. **Ergibt 4–6 Portionen.**

Anmerkung: Pastırma ist Rindfleisch, das in Salz getaucht und an der Luft getrocknet wird. Dann bedeckt man es mit einer sehr aromatischen Gewürzpaste aus Kreuzkümmel, Bockshornklee, Knoblauch und Paprika.

KURU BİBER
20.00 TL.

POCHIERTE KÖFTE IN ZITRONENSOSSE

ZUTATEN

1 ½ Liter Hühnerbrühe
100 g langkörniger weißer Reis
600 g Lammhackfleisch
1 ½ TL gemahlener Kreuzkümmel
1 TL Meersalz
1 TL frisch gemahlener schwarzer Pfeffer
¼ Tasse glatte Petersilie, gehackt
2 Eigelb und 2 weitere für die Soße
2 EL Mehl
2 EL Wasser
60 ml frisch gepresster Zitronensaft
1 ½ TL fein geriebene Schale einer unbehandelten Zitrone

ZUBEREITUNG

Die Hühnerbrühe bei schwacher Hitze in einem großen Topf zum Sieden bringen, zudecken und leicht weitersieden lassen.

Den Reis in eine Schüssel leeren und knapp mit kochendem Wasser bedecken. 5 Minuten einweichen, dann gut abtropfen lassen und mit Lammfleisch, Kreuzkümmel, Salz, Pfeffer und Petersilie in eine Schüssel geben. Die Mischung mit den Händen kneten, bis sie sämig und etwas elastisch ist; dann die Eidotter dazugeben und gut vermengen. Aus jeweils einem gehäuften Esslöffel Mischung eine kleine Kugel formen, etwa mit dem Volumen einer großen Kastanie. Die Kugeln langsam in die leicht siedende Brühe legen. Die Köfte dann bei schwacher Hitze etwa 20 Minuten kochen (oder bis sie gar sind). Verunreinigungen, die an die Oberfläche steigen, abschöpfen. Das Wasser darf nicht zu stark sieden, weil die Köfte sonst zäh werden. Die Köfte mit einem Sieblöffel aus der Brühe holen und beiseitestellen. Die Brühe mit einem feinen Sieb abseihen und wieder in den Topf schütten.

Das Mehl in einer kleinen Schüssel mit 2 Esslöffeln Wasser gut verrühren. Die zusätzlichen 2 Eigelb, den Zitronensaft und die Zitronenschale dazugeben und schlagen, bis ein sämiger Brei entsteht. 250 ml der heißen Brühe dazugeben und verrühren. Die Brühe im Topf wieder zum Sieden bringen und unter ständigem Rühren die Mehlmischung dazugeben. Bei mittlerer Hitze zum Sieden bringen und ständig umrühren, damit sich keine Klumpen bilden; dann 5 Minuten köcheln (oder bis die Mischung dicker geworden ist). Die Köfte dann wieder in den Topf geben und 3–4 Minuten köcheln lassen, damit sie durch und durch warm werden. In Schüsseln verteilen und sofort mit knusprigem Brot und einem grünen Salat als Beilagen servieren. **Ergibt 4 Portionen.**

HÜHNCHEN MIT GEWÜRZTER BULGURFÜLLUNG, PFLAUMEN UND PEKMEZ-GLASUR

ZUBEREITUNG

Für die Füllung den Bulgur in eine Schüssel schütten und knapp mit Wasser bedecken; dann 10 Minuten einweichen lassen. Mit einem feinen Sieb gut abtropfen lassen und mit den Händen möglichst viel Wasser hinausdrücken.

In der Zwischenzeit die Butter in einem Topf bei mittlerer Temperatur erhitzen. Zwiebel und Knoblauch dazugeben und 5–7 Minuten (oder bis sie etwas weich sind) schmoren. Vom Herd nehmen, die Haselnüsse einrühren und auf Zimmertemperatur abkühlen lassen. Die Zwiebelmischung in einer großen Schüssel mit Bulgur, Hühnerhackfleisch und Koriander vermengen, mit Meersalz, frisch gemahlenem schwarzem Pfeffer, Zimt und Piment würzen und alles gut verrühren.

Das Backrohr auf 180 °C vorheizen und ein großes Backblech leicht einfetten. Die Hühnchen mit dem gewürzten Bulgur füllen und die Öffnung mit einem Zahnstocher verschließen. Die Schlegel mit Küchenzwirn zusammenbinden. Dann die Hühnchen mit der Brustseite nach unten auf das vorbereitete Backblech legen. Pekmez und Rotwein vermengen und auf die Hühnchen träufeln. Mit Meersalz und frisch gemahlenem schwarzem Pfeffer würzen und 45 Minuten backen. Dann umdrehen, die Pflaumen auf das Blech legen und weitere 20 Minuten backen (oder bis die Hühnchen und die Füllung gar und die Pflaumen weich sind). Zwirn und Zahnstocher entfernen, den Saft aus dem Blech über die Hühnchen und Pflaumen löffeln und mit grünem Salat als Beilage servieren. **Ergibt 4 Portionen.**

ZUTATEN

2 EL Olivenöl
4 je 400 g schwere Hühnchen (weniger als 28 Tage alt) ohne Innereien, pariert
80 ml Pekmez (siehe Anmerkung S. 73)
60 ml Rotwein
Meersalz
frisch gemahlener schwarzer Pfeffer
6 große, feste, reife Pflaumen ohne Kern, halbiert

GEWÜRZTE WEIZENFÜLLUNG

125 g grober Bulgur
25 g ungesalzene Butter
1 Zwiebel, fein gehackt
1 Knoblauchzehe, zerstoßen
70 g Haselnüsse, geröstet, geschält und gehackt
350 g Hühnerhackfleisch
1 Tasse Korianderblätter, gehackt
½ TL gemahlener Piment
½ TL gemahlener Zimt
Meersalz
frisch gemahlener schwarzer Pfeffer

Dieses langsam geröstete Lammfleisch schmeckt mit dem Bulgur-Pilaw (siehe Seite 140) wunderbar, vor allem, wenn Sie kurz vor dem Servieren ein paar Handvoll zerrissene Minzeblätter einrühren.

LANGSAM GEBRATENE LAMMKEULE MIT POCHIERTEN ÄPFELN

ZUBEREITUNG

Das Backrohr auf 150 °C vorheizen. Übermäßiges Fett von der Lammkeule wegschneiden.

Butter, Paprika, Kreuzkümmel, Zimt, Salz und Pfeffer in einer Schüssel vermengen. Das Lammfleisch mit dieser Mischung bestreichen, in Alufolie oder Backpapier wickeln und auf ein Backblech legen. Im Rohr 6–7 Stunden braten (oder bis das Fleisch vom Knochen fällt).

Etwa eine Stunde, bevor das Fleisch gar ist, mit der Zubereitung der Äpfel beginnen. Walnüsse, Rosinen, Piment, getrocknete Minze und Granatapfelsirup in einer kleinen Schüssel gut vermengen. Die ausgehöhlten Äpfel mit dieser Mischung füllen, einschichtig in einen Topf legen und Honig und Granatapfelsirup dazugeben. Den Topf zudecken, langsam zum Sieden bringen und bei schwacher Hitze etwa 40 Minuten köcheln (oder bis die Äpfel weich sind).

Vor dem Servieren das Lammfleisch in Stücke reißen, einen Teil der Granatapfelmischung darüberlöffeln und mit den Äpfeln als Beilage servieren. **Ergibt 6 Portionen.**

ZUTATEN

2½ kg Lammkeule
100 g Butter, leicht gewärmt
2 TL Paprikapulver
1½ TL gemahlener Kreuzkümmel
1 TL gemahlener Zimt
1 TL Meersalz
1 TL frisch gemahlener schwarzer Pfeffer
40 g gehackte Walnüsse
40 g gehackte weiße Rosinen (siehe Anmerkung S. 134) oder Sultaninen
½ TL gemahlener Piment
1½ TL getrocknete Minze
1 EL Granatapfelsirup (siehe Anmerkung S. 24)
6 kleine Äpfel (Granny Smith), geschält, ohne Kernhaus
2 EL Honig
500 ml Granatapfelsirup

IN PAPIER GEBACKENE LAMMKOTELETTS MIT KARTOFFELN, MINZE UND OLIVEN

ZUTATEN

Lammkoteletts (etwa 1½ kg)
2 EL Olivenöl
Meersalz
frisch gemahlener schwarzer Pfeffer
3 Knoblauchzehen, fein gehackt
60 ml natives Olivenöl extra
600 g Kipfler-Kartoffeln, geschält und, wenn sie groß sind, halbiert
600 g unreife rote Tomaten, in dicke Schnitze geschnitten
2 TL getrocknete Minze
1½ TL Kreuzkümmel
1 unbehandelte Zitrone, in dünne Scheiben geschnitten
60 g schwarze Oliven

ZUBEREITUNG

Das Backrohr auf 160 °C vorheizen. Jedes Kotelett in zwei Hälften schneiden (dabei den natürlichen Linien folgen), dann überflüssiges Fett entfernen. Aus Backpapier sechs Quadrate mit 30 cm Seitenlänge schneiden.

Einen Esslöffel Olivenöl in einer großen Bratpfanne bei mittlerer bis hoher Temperatur erhitzen. Das Lammfleisch hineinlegen und auf beiden Seiten 1–2 Minuten anbraten (oder bis es überall leicht gebräunt ist). Vom Herd nehmen. Jeweils zwei Stücke Lammfleisch in die Mitte eines Papierquadrats legen, mit Meersalz und frisch gemahlenem schwarzem Pfeffer würzen und mit etwas Knoblauch bestreuen. Jeweils zwei gegenüberliegende Seiten des Papiers hochklappen und mehrfach über dem Fleisch falten, bis es gut verpackt ist. Mit kleinen Metallspießen feststecken und beiseitestellen.

Die Kartoffeln schälen und der Länge nach vierteln, dann mit den Tomaten in einen Bräter legen. Mit dem restlichen Olivenöl beträufeln, Minze, Kreuzkümmel, den restlichen Knoblauch und die Zitronenscheiben darüberstreuen und gut mit Salz und Pfeffer würzen. Das Gemüse gut vermischen und alles 30 Minuten im Rohr backen. Dann die Lammpäckchen in die Kartoffelmischung schieben. Die Oliven darüberstreuen und weitere 20–30 Minuten backen (oder bis das Lammfleisch gar und das Gemüse weich ist). Aus dem Herd holen, den Bräter mit Alufolie abdecken und 10 Minuten stehen lassen. Dann das Lammfleisch im Papier mit der Kartoffelmischung als Beilage servieren. **Ergibt 6 Portionen.**

GERÖSTETE KAROTTEN, KALBFLEISCH UND MUSAKKA

ZUTATEN

1,2 kg Karotten, in 5 mm dicke Stifte geschnitten
100 ml Olivenöl
2 Zwiebeln, fein gehackt
3 Knoblauchzehen, fein gehackt
600 g Kalbshackfleisch
2½ EL Tomatenmark
1 TL gemahlener Piment
35 g Rosinen
400 g gehackte Tomaten aus der Dose
Meersalz
frisch gemahlener schwarzer Pfeffer

SOSSE

600 ml Vollmilch
50 g Butter
50 g Mehl
1 TL fein geriebene Schale einer unbehandelten Zitrone
1½ EL gehackter Oregano
2 Eigelb, geschlagen
Meersalz
frisch gemahlener schwarzer Pfeffer

ZUBEREITUNG

Für die Soße die Milch in einen Topf gießen und zum Sieden bringen; dann vom Herd nehmen. Die Butter in einem zweiten Topf bei mittlerer bis schwacher Hitze zum Schmelzen bringen, dann das Mehl hineinschütten und unter ständigem Rühren 2 Minuten anschwitzen lassen. Die Milch allmählich hineingießen (jeweils 125 ml), ständig umrühren und nach jedem Schritt wieder zum Sieden bringen. Dann die Hitze verringern und die Soße etwa 7–8 Minuten köcheln lassen. Oft umrühren, damit sich keine Klumpen bilden. Vom Herd nehmen und leicht abkühlen lassen. Gelegentlich umrühren, damit sich keine Haut bildet. Zitronenschale, Oregano und Eidotter einrühren, mit Meersalz und frisch gemahlenem schwarzem Pfeffer würzen und mit Frischhaltefolie oder Backpapier zudecken, damit sich keine Haut bildet.

Das Backrohr auf 180 °C vorheizen. Die Karotten in einer großen Schüssel mit 80 ml Olivenöl gut vermischen. Auf zwei große Backbleche geben und im Rohr 40–50 Minuten (oder bis sie goldbraun sind) rösten. Wenn nötig, überschüssiges Öl abgießen.

In der Zwischenzeit das restliche Öl bei mittlerer Temperatur in einem großen Topf erhitzen. Zwiebeln und Knoblauch dazugeben und 5–7 Minuten (oder bis sie etwas weich sind) braten. Das Kalbfleisch dazugeben, umrühren, damit sich keine Klumpen bilden, und 5–6 Minuten braten, bis es die Farbe wechselt. Das Tomatenmark dazugeben und unter ständigem Rühren eine Minute schmoren, dann Piment, Rosinen und Tomaten dazugeben, zum Sieden bringen und 10 Minuten schmoren. Mit Meersalz und frisch gemahlenem schwarzem Pfeffer würzen.

Die Hälfte der gerösteten Möhren in eine 26 x 22 cm große ofenfeste Form legen. Die Hälfte der Fleischmischung darübergießen und die restlichen Möhren daraufstreuen. Dann das restliche Fleisch gleichmäßig auf dem Gericht verteilen und mit der Soße beträufeln. Im Rohr 45 Minuten backen (oder bis die Mischung Blasen wirft). Heiß mit einem grünen Salat servieren. **Ergibt 6 Portionen.**

IN WEINBLÄTTER GEWICKELTE GEGRILLTE WACHTELN MIT OLIVEN-WALNUSS-GRANATAPFEL-SOSSE

ZUBEREITUNG

Jede Wachtel mit einem großen, scharfen Messer an beiden Seiten der Wirbelsäule durchschneiden und die Knochen entfernen. Dann der Länge nach zwischen den Brustknochen durchschneiden. Olivenöl, Zitronensaft, Knoblauch, Kreuzkümmel und Pfeffer in einer großen Schüssel gut verrühren. Die Wachteln hineinlegen und wälzen, bis sie überzogen sind. Mit Frischhaltefolie bedecken und 3–4 Stunden in den Kühlschrank stellen. Die Wachteln dann abtropfen lassen und die Marinade wegschütten.

In der Zwischenzeit 12 Holzspieße 30 Minuten in Wasser einweichen, damit sie beim Grillen nicht verbrennen.

Für die Soße alle Zutaten in einer Schüssel gut verrühren. Mit Meersalz und frisch gemahlenem schwarzem Pfeffer würzen und beiseitestellen.

Die Weinblätter auf eine Arbeitsfläche legen und, wenn nötig, das zähe Stielende abschneiden. Eine Wachtelhälfte auf jedes Blatt legen, das Brust- und Beinende ein wenig zusammendrücken und das Weinblatt um die Wachtelhälfte wickeln. Mit zwei Spießen jeweils zwei Wachtelhälften zusammenstecken. Eine Grillpfanne oder einen Grill auf mittlere bis hohe Temperatur erhitzen. Die verpackten Wachteln behutsam überall mit Öl bestreichen und portionsweise 10–15 Minuten (oder bis sie eben gar sind) grillen. Oft wenden und nicht zu stark garen, weil sie sonst trocken werden (sie sollten in der Mitte noch etwas rosa sein).

Die Wachteln auf Servierteller verteilen und die Soße an die Seite löffeln. Die Korianderzweige und die Granatapfelkerne darüberstreuen und mit Joghurt und Fladenbrot als Beilagen servieren. **Ergibt 6 Portionen.**

ZUTATEN

6 ganze Wachteln, je 200 g schwer
125 ml Olivenöl und etwas mehr zum Grillen
2 ½ EL frisch gepresster Zitronensaft
2 Knoblauchzehen, zerstoßen
1 TL gemahlener Kreuzkümmel
1 TL frisch gemahlener schwarzer Pfeffer
12 Holzspieße
12 große Weinblätter aus der Dose, gut gewaschen und getrocknet
Korianderzweige zum Servieren
Granatapfelkerne zum Servieren (optional)
Joghurt türkischer Art als Beilage
Fladenbrot (siehe S. 63) als Beilage

SOSSE

125 g grüne Oliven ohne Kern, gehackt
100 g Walnusshälften, gehackt
80 ml Olivenöl
1 Knoblauchzehe, zerstoßen
1 kleine rote Zwiebel, fein gehackt
1 ½ EL Granatapfelsirup (siehe Anmerkung S. 24)
1 EL frisch gepresster Zitronensaft
¼ Tasse glatte Petersilie, gehackt
Meersalz
frisch gemahlener schwarzer Pfeffer

LAMMKEULEN MIT KOPFSALAT, KICHERERBSEN UND MINZE-JOGHURT

ZUTATEN

220 g getrocknete Kichererbsen, über Nacht eingeweicht und abgetropft
1½ EL Butter
16 kleine Perlwiebeln, geschält, Wurzelenden intakt
1½ EL Mehl
875 ml Hühnerbrühe
4 große Lammkeulen, etwas Fleisch und Fett vom Knochenende weggeschnitten
3 Thymianzweige
1 frisches Lorbeerblatt
2 TL fein geriebene Schale einer unbehandelten Zitrone
2 EL frisch gepresster Zitronensaft (oder nach Geschmack)
2 kleine Köpfe Romanasalat, Blätter der Länge nach geviertelt

MINZE-JOGHURT

375 g Joghurt türkischer Art
2½ EL fein gehackte Minze (oder nach Geschmack)
Meersalz
frisch gemahlener schwarzer Pfeffer

ZUBEREITUNG

Die Kichererbsen in einem Topf knapp mit Wasser bedecken, zum Sieden bringen und bei mittlerer Hitze etwa 45 Minuten (oder bis sie weich sind) köcheln lassen. Gut abtropfen lassen.

Das Backrohr auf 160 °C vorheizen. Die Butter bei mittlerer Hitze in einer großen Bratpfanne zum Schmelzen bringen. Die Zwiebeln hineinlegen und 3–4 Minuten (oder bis sie leicht goldbraun sind) braten. Die Pfanne oft schütteln. Dann die Zwiebeln mit einem Sieblöffel in eine große Auflaufform geben, das Mehl hineinleeren und 2–3 Minuten mit dem Saft in der Form verrühren. Nach und nach die Brühe hineingießen, ständig umrühren und die Mischung jedes Mal zum Sieden bringen. Die Lammkeulen in die Pfanne legen, die Brühe darübergießen, dann die Thymianzweige und das Lorbeerblatt dazugeben. Mit einem gut sitzenden Deckel zudecken und im Rohr 50 Minuten schmoren. Die Zitronenschale und den Zitronensaft einrühren, dann die Kichererbsen und den Salat dazugeben und weitere 45 Minuten (oder bis das Fleisch sehr weich ist) braten.

Für den Minze-Joghurt den Joghurt und die Minze in einer Schüssel vermengen, mit Meersalz und frisch gemahlenem schwarzem Pfeffer würzen und gut verrühren. Den Salat, die Kichererbsen und etwas Soße auf die Lammkeulen löffeln und mit dem Joghurt als Beilage servieren. **Ergibt 4 Portionen.**

Ali Nazik ist ein Kebab aus Gaziantep, der heute überall in der Türkei beliebt ist. Gedünstete Zwiebeln als Zutat sind zwar ein Bruch der Tradition, aber der Kebab schmeckt dennoch köstlich. Am besten verzichten Sie auf Lammhackfleisch als Fertigprodukt und hacken Ihr Fleisch selbst.

ALI NAZIK MIT RUCOLA-PETERSILIEN-SALAT

ZUTATEN

1 kg Auberginen
2 Knoblauchzehen, zerstoßen
375 g Joghurt türkischer Art
Meersalz
frisch gemahlener schwarzer Pfeffer
800 g Lammfilet, pariert
50 g Butter
2 große Zwiebeln, in dünne Scheiben geschnitten
2 TL süßes Paprikapulver
½ TL getrocknete Chiliflocken (oder nach Geschmack)
½ TL Kreuzkümmel (optional)

RUCOLA-PETERSILIEN-SALAT

1 Tasse glatte Petersilie, gehackt
100 g Rucola-Blätter
2 EL frisch gepresster Zitronensaft
60 ml natives Olivenöl extra

ZUBEREITUNG

Die Auberginen direkt über eine kleine Flamme halten und etwa 20 Minuten garen (oder bis die Haut überall geschwärzt und die Mitte weich ist). Oft wenden. (Sie können die Auberginen auch bei großer Hitze auf einem Grill zubereiten.) Dann in eine große Schüssel legen und leicht abkühlen lassen. Sobald man sie anfassen kann, möglichst viel geschwärzte Haut abziehen und das Stielende abschneiden. Dann die Auberginen in einem Sieb etwa 20 Minuten abtropfen lassen. Die Auberginen fein hacken und in einer Schüssel mit dem Knoblauch und dem Joghurt vermengen. Mit Meersalz und frisch gemahlenem schwarzem Pfeffer würzen und beiseitestellen.

Das Lammfleisch mit einem scharfen Messer so klein wie möglich hacken, bis es wie Hackfleisch aussieht. Die Hälfte der Butter bei mittlerer Temperatur in einer großen Bratpfanne erhitzen. Die Zwiebeln dazugeben, oft umrühren und etwa 12 Minuten braten, bis sie goldbraun sind. In eine Schüssel geben. Die restliche Butter in derselben Pfanne bei mittlerer bis großer Hitze zum Schmelzen bringen, das Lammfleisch dazugeben und etwa 20 Minuten braten, bis es gut braun ist. Zwischendurch mit einem Holzlöffel umrühren, um das Fleisch zu zerlegen. Übermäßiges Fett abtropfen lassen, bis nur noch 2–3 Esslöffel Fett in der Pfanne sind. Paprika, Chili und Kreuzkümmel dazugeben und unter ständigem Rühren eine weitere Minute schmoren, bis die Gewürze duften. Mit Meersalz und frisch gemahlenem schwarzem Pfeffer würzen.

Für den Salat die Petersilie, den Rucola, den Zitronensaft und das Olivenöl gut vermengen.

Die Auberginenmischung auf Teller verteilen, mit der Lammfleischmischung überziehen und die Zwiebelscheiben darauflegen. Sofort mit dem Salat als Beilage servieren. **Ergibt 4 Portionen.**

DESSERTS

In der Türkei liebt man Süßes: Milchdesserts, Obstkompott, Kuchen mit viel Sirup, Schmalzgebackenes, Baklava und den weltberühmten türkischen Honig. Ein Straßenverkäufer, der seine köstliche dehnbare *Salep*-Eiscreme anpreist oder im Schnelltempo viele verschiedene Baklava zubereitet, die dank des Sirups glänzen und mit lebhaft grünen Pistazien überzogen sind, ist eine wahre Augenweide und der Höhepunkt jedes Besuchs in der Türkei. Türkische Desserts duften nach Rose, Safran, Zimt, Vanille, Granatapfel, Nüssen und getrockneten oder frischen Früchten. Es ist wirklich schwer, ihnen zu widerstehen.

Dieses Gericht habe ich zuerst in einem schicken Restaurant in einem vornehmen Bezirk Istanbuls probiert. Es wurde mit Eiscreme serviert und gehört zu den scheinbar einfachen Gerichten, die besser schmecken, als ihre Zutaten vermuten lassen. Der Trick besteht darin, den Grieß sorgfältig zu rühren und zu rösten. Kocht man ihn zu langsam, röstet er nicht; kocht man ihn zu schnell, brennt er an und schmeckt bitter.

IRMIK HELVASI

ZUTATEN

500 ml Vollmilch
220 g Kristallzucker
100 g Butter
125 g grober Grieß
40 g Pinienkerne, geröstet
Schlagsahne zum Servieren

GESÜSSTE APRIKOSEN

185 g getrocknete Aprikosen
375 ml Wasser
110 g Kristallzucker

ZUBEREITUNG

Die Aprikosen in eine Schüssel mit 375 ml Wasser legen – sie sollten knapp bedeckt sein – und eine Stunde (oder bis sie etwas weich sind) beiseitestellen. Dann mit dem Einweichwasser in einen Kochtopf leeren, den Zucker dazugeben und bei schwacher Hitze 15–20 Minuten (oder bis sie sehr weich sind) sieden. Vom Herd nehmen und abkühlen lassen.

Milch und Zucker bei mittlerer bis schwacher Hitze in einem Topf verrühren, bis der Zucker sich aufgelöst hat. Dann vom Herd nehmen.

Die Butter bei mittlerer bis schwacher Hitze in einem Topf schmelzen lassen. Den Grieß hineinleeren und unter ständigem Rühren etwa 15 Minuten anbraten, bis der Grieß ein wenig nach Toast oder Keksen riecht und einen etwas dunkleren Farbton angenommen hat. Die Milchmischung hineingießen (Vorsicht, es kann spritzen!), und kräftig umrühren, bis ein sämiger Brei entsteht. Die Pinienkerne hinzugeben und bei mittlerer bis schwacher Hitze 2–3 Minuten (oder bis die Mischung sämig ist) kochen. Den Topf zudecken und weitere 4–5 Minuten (oder bis die Mischung sehr dick ist) kochen. Vom Herd nehmen und zugedeckt auf Zimmertemperatur abkühlen lassen. Mit einer Gabel auflockern, sodass sich kleine Klumpen bilden; Aprikosen und Schlagsahne über den Grieß löffeln und in Schalen servieren. **Ergibt 6 Portionen.**

KIRSCH-BROTPUDDING MIT MANDELCREME

ZUTATEN

900 g Kirschen, entkernt
375 ml Sauerkirschsaft
220 g Kristallzucker
Butter zum Bestreichen
6 Scheiben Bauernbrot, 1 cm dick, ohne Kruste, einen Tag alt
50 g Mandelflocken, geröstet

MANDELCREME

250 g Mascarpone
125 ml Schlagsahne
2 EL Puderzucker
¼ TL natürlicher Mandelextrakt

ZUBEREITUNG

Für die Mandelcreme Mascarpone, Sahne, Puderzucker und Mandelextrakt in einer Schüssel gut vermengen. Lose mit Frischhaltefolie abdecken und in den Kühlschrank stellen.

Für den Pudding die Kirschen, den Kirschsaft und den Zucker bei mittlerer Hitze in einem Topf vermengen und langsam zum Sieden bringen. Behutsam umrühren, damit der Zucker sich auflöst. 3–4 Minuten köcheln, bis die Kirschen etwas weich sind und ihren Saft abgegeben haben. Vom Herd nehmen und abkühlen lassen.

Das Backrohr auf 180 °C vorheizen. Das Brot leicht mit Butter bestreichen, einschichtig in ein Backblech legen und 10–15 Minuten backen (oder bis es goldbraun und knusprig ist).

Vor dem Servieren das Brot in tiefe Schalen legen und die Kirschmischung darauflöffeln. Mit der Mandelcreme und den gerösteten Mandelflocken servieren. **Ergibt 6 Portionen.**

PISTAZIEN-GRIESS-KUCHEN

ZUBEREITUNG

Für den Sirup den Zucker in einem Topf mit 125 ml Wasser verrühren und langsam zum Sieden bringen. Die Zimtstange hineinlegen und bei mittlerer Hitze 6–7 Minuten sieden (oder bis die Flüssigkeit ein wenig dick geworden ist). Vom Herd nehmen und den Zitronensaft einrühren, dann auf Zimmertemperatur abkühlen lassen. Die Zimtstange herausnehmen und den Topf beiseitestellen.

Das Backrohr auf 170 °C vorheizen. Ein 25 x 14 cm großes Kuchenblech ein wenig einfetten und bemehlen. Die Pistazien und den Zucker in einer Küchenmaschine zerkleinern, bis ein feines Pulver entsteht. Das Mehl und Backpulver in eine Schüssel sieben und den Grieß und die Pistazienmischung einrühren. Milch und Butter in einer Schüssel vermengen, die Mehlmischung dazugeben und umrühren, bis ein sämiger Brei entsteht. In das Kuchenblech gießen und die Oberfläche glätten. Im Rohr 35 Minuten backen, bis ein in die Mitte des Kuchens eingeführter Spieß nach dem Herausziehen sauber ist. Aus dem Rohr holen und den gekühlten Sirup darübergießen. Stehen lassen, bis der Sirup eingesogen ist, dann den Kuchen in 8 cm lange Rautenformen schneiden und aus dem Blech holen. Die Rosenblütenblätter darüberstreuen und servieren. **Ergibt 8–10 Portionen.**

ZUTATEN

100 g Pistazien
220 g Kristallzucker
75 g Mehl
1 ¼ TL Backpulver
250 g feiner Weichweizengrieß
310 ml Vollmilch
125 g Butter, zerlassen und abgekühlt
2 ½ EL getrocknete Rosenblütenblätter zum Garnieren (optional)

SIRUP

220 g Kristallzucker
125 ml Wasser
1 Zimtstange
2 ½ EL frisch gepresster Zitronensaft

MANDELMILCH-PUDDING MIT GEZUCKERTEN ROSENBLÜTENBLÄTTERN

ZUTATEN

1 l Vollmilch
155 g blanchierte Mandeln
145 g Kristallzucker
45 g Reismehl
200 ml Schlagsahne
2 EL geröstete Mandeln, gehackt

GEZUCKERTE ROSENBLÜTENBLÄTTER

1 Eiweiß
36 Blütenblätter von duftenden, unbehandelten Rosen
220 g Kristallzucker

ZUBEREITUNG

Das Eiweiß in einer Schüssel gut schlagen. Jedes Blütenblatt vorsichtig mit Eiweiß bepinseln, dann behutsam in den Zucker tunken. Überschüssigen Zucker abschütteln. Die Blütenblätter über Nacht auf einem dünnen Drahtgitter trocknen lassen. Bei feuchtem Wetter sollten gezuckerte Blütenblätter nicht zubereitet werden. Zwischen Schichten aus Backpapier halten sie in einem luftdichten Behälter bei Zimmertemperatur 2–3 Tage.

875 ml Milch bei mittlerer Hitze in einem Topf fast zum Sieden bringen. Warm stellen. Mandeln und Zucker in einer Küchenmaschine zerkleinern, bis ein sehr feines Pulver entsteht. Das Reismehl in einer kleinen Schüssel mit der restlichen Milch verrühren, bis ein sämiger Brei entsteht. Unter ständigem Umrühren die Mandelmischung und die Reismehlmischung mit der Milch auf dem Herd verrühren. Die neue Mischung sehr langsam zum Sieden bringen – ständig umrühren, damit sich keine Klumpen bilden – und bei mittlerer bis schwacher Hitze 5 Minuten kochen, bis sie dick und sämig ist. Vom Herd nehmen und auf Zimmertemperatur abkühlen lassen. Gelegentlich umrühren, damit sich keine Haut bildet. Die Mischung in 6 Gläser oder Schüsseln mit je 250 ml Fassungsvermögen geben, mit Frischhaltefolie zudecken und vor dem Servieren mindestens 4 Stunden abkühlen lassen.

Vor dem Servieren jeden Pudding mit etwas Sahne garnieren und einige Mandelsplitter sowie die gezuckerten Rosenblütenblätter darüberstreuen. Sofort servieren. **Ergibt 6 Portionen.**

MIT WALNÜSSEN GEFÜLLTE FEIGEN IN ROT-WEIN-NELKEN-SIRUP MIT HONIG-EISCREME

ZUTATEN

375 g getrocknete Feigen, zähe Stielenden entfernt
kochendes Wasser
50 g Walnusshälften
220 g Kristallzucker
375 ml Rotwein
6 ganze Nelken

HONIG-EISCREME

375 ml Vollmilch
375 ml Schlagsahne
6 Eigelb
260 g Honig

ZUBEREITUNG

Für die Eiscreme die Milch und die Sahne bei mittlerer bis schwacher Hitze in einem Topf erhitzen und fast zum Sieden bringen; dann vom Herd nehmen. Die Eigelb und den Honig in einer Schüssel verrühren und mit einem elektrischen Mixer schlagen, bis die Mischung dick ist. Die heiße Milchmischung über die Eigelbmischung gießen und mit einem Holzlöffel gut verrühren. Die neue Mischung über einem Wasserbad zur Rose abziehen. Auf Zimmertemperatur abkühlen lassen. Zudecken und kühl stellen. Dann in eine Speiseeismaschine geben und nach Gebrauchsanleitung zubereiten oder in eine flache Metallform geben, in die Gefriertruhe stellen und alle paar Stunden schlagen, bis die Mischung gefroren und sahnig ist. Honigeiscreme hält in einem luftdichten Behälter bis zu einer Woche.

Die Feigen in eine Schüssel legen und knapp mit kochendem Wasser bedecken. 4 Stunden oder über Nacht einweichen, dann abtropfen lassen und das Wasser aufbewahren. Mit einem kleinen, scharfen Messer in jede Feige eine kleine Tasche schneiden und eine Walnusshälfte hineinschieben.

Den Zucker, Wein und die Nelken in einen Topf geben. Das aufbewahrte Feigenwasser hineingießen und wenn nötig mit Wasser auffüllen, bis der Topf 125 ml Flüssigkeit enthält. Zum Sieden bringen und gelegentlich umrühren, damit der Zucker sich auflöst. Den Topf zudecken und bei schwacher Hitze 10 Minuten köcheln. Die Nelken entfernen und die gefüllten Feigen in den Sirup legen. Bei schwacher Hitze zum Sieden bringen und ohne Deckel 25 Minuten (oder bis sie zart sind) köcheln. Die Feigen dann im Sirup abkühlen lassen und mit der Honig-Eiscreme servieren. **Ergibt 6 Portionen.**

DIE BERÜHMTEN BAKLAVA VON GAZIANTEP

Die Küche von Gaziantep hat einen legendären Ruf. Dort bekommt man angeblich die besten Ali Nazik Kebab, die besten Kadayıt, die besten Lahmacun ... und vieles mehr. Die Stadt ist die sechstgrößte des Landes; sie ist groß, modern und dynamisch und hat einen gut erhaltenen historischen Kern. Jenseits der Stadtgrenzen erstrecken sich fruchtbare Ebenen, auf denen eine Fülle von Feldfrüchten gedeiht: Granatäpfel, Steinobst, Maulbeeren, Weintrauben, Zuckerrüben, Weizen und Oliven, um nur einige zu nennen. Das bekannteste Produkt ist jedoch die *Fıstık*, die Pistazie. Man sagt, die Pistazien aus dieser Gegend und die daraus zubereiteten Baklava seien die besten der Welt. Wenn das kein Grund ist, eine Stadt zu besuchen!

Ich habe bei Imam Çağdaş, einer der größten Fabriken der Stadt, die Herstellung der Baklava beobachtet. Es war ein unvergessliches Erlebnis. Und das Erstaunliche ist, dass sie fast vollständig von Hand zubereitet wird. Zwei Männer beugen sich über einen Tisch, auf dem haufenweise geschälte Pistazien liegen; sie sortieren die Nüsse mit den Händen und werfen alles weg, was nicht makellos ist. In einem Raum, der dick mit Mehl überzogen ist, rollt etwa ein Dutzend Männer einen Teig hauchdünn aus, traditionell mit einer Teigrolle aus Birnbaumholz. Das Mehl kommt aus der Harran-Ebene in der Nähe von Urfa und ist grober als das normale Mehl; mit ihm kann man den Teig derart dünn ausrollen, dass ich durch ihn hindurch eine Visitenkarte zu lesen vermag. Der ausgerollte Teig wird in drei großen runden Backblechen aufgeschichtet. Etwa auf die fünfzehnte Schicht werden Pistazien gestreut; dann folgen weitere Schichten. Man schneidet ihn mit einem großen Messer in Formen und bestreicht die oberste Schicht mit Butter aus Schafsmilch. Die Baklava werden in Holzöfen gebacken (am besten ist Eiche als Feuerholz) und gelten als fertig, wenn der Teig angeschwollen, goldbraun und knusprig ist und die Pistazien hellgrün sind. Während der Teig noch heiß ist, löffelt man behutsam Sirup auf ihn. Das ist ein kritischer Schritt, denn ein ungleichmäßig verteilter Sirup oder eine zu kleine oder zu große Menge verdirbt angeblich das fertige Produkt.

Der ganze Prozess umfasst etwa elf Schritte, und es dauert bis zu zwanzig Jahre, bis man sie alle wirklich beherrscht. Als ich Imam Çağdaş verlasse, bin ich verblüfft über die Geschicklichkeit und die Hingabe, die erforderlich sind, um Baklava zu backen, und ich nehme mir fest vor, in dieses Buch kein Baklava-Rezept aufzunehmen. »Echte« Baklava lassen sich zu Hause einfach nicht nachmachen – Sie müssen also nach Gaziantep reisen, um sie zu genießen.

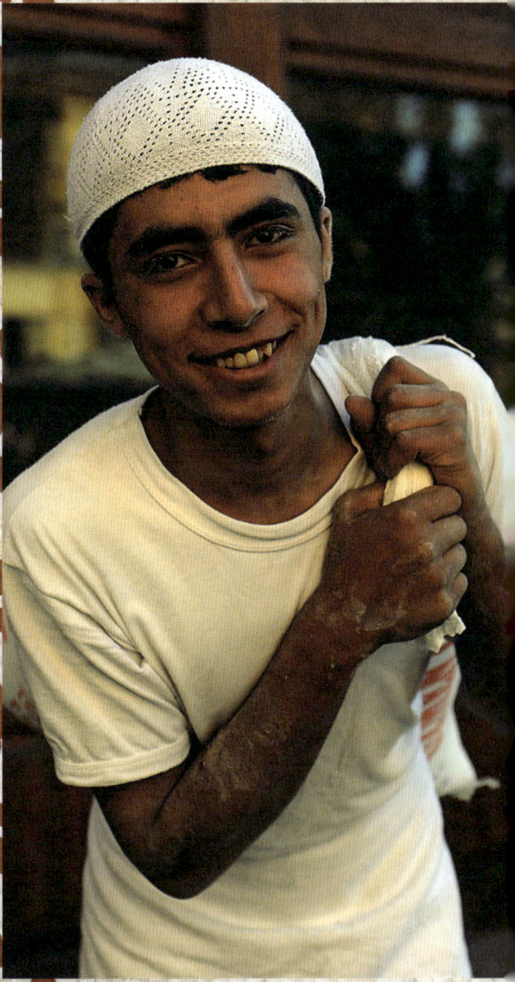

GEKÜHLTER SAHNEJOGHURT MIT SÜSSEM TOMATENKOMPOTT

ZUTATEN

2 TL Gelatinepulver
300 ml Schlagsahne
110 g Kristallzucker
500 g Joghurt türkischer Art

SÜSSES TOMATENKOMPOTT

330 g Kristallzucker
1 Zimtstange
2 frische Lorbeerblätter
1 EL frisch gepresster Zitronensaft
500 ml Wasser
1 kg Tomaten (Roma), halbiert

ZUBEREITUNG

Für das Kompott den Zucker, die Zimtstange, die Lorbeerblätter und den Zitronensaft in einem Topf mit 500 ml Wasser verrühren. Langsam zum Sieden bringen und umrühren, um den Zucker zu lösen. Die Tomaten hineinlegen, wieder zum Sieden bringen, dann die Hitze auf schwach reduzieren und etwa 50 Minuten kochen (oder bis die Flüssigkeit teilweise verdampft und dicker geworden ist). Eine umgedrehte Untertasse oder einen kleinen Teller auf die Tomatenhälften legen, damit sie beim Kochen unter Wasser bleiben. Vom Herd nehmen, die Zimtstange entfernen und abkühlen lassen.

Für den Sahnejoghurt die Gelatine in eine kleine, hitzefeste Tasse streuen, 2½ Esslöffel kaltes Wasser hineingießen und 5 Minuten stehen lassen, bis sie etwas weich ist. Dann die Tasse in einen kleinen Topf mit leicht siedendem Wasser stellen, bis die Gelatine sich aufgelöst hat. In der Zwischenzeit die Sahne und den Zucker in einem Topf vermengen und bis kurz vor dem Siedepunkt erhitzen. Umrühren, damit der Zucker sich auflöst. Dann den Topf vom Herd nehmen, die Gelatinemischung einrühren und auf Zimmertemperatur abkühlen lassen. Den Joghurt hineingeben und schlagen, bis eine sämige Mischung entsteht. Diese in sechs Gläser mit je 300 ml Inhalt verteilen und 3–4 Stunden oder über Nacht in den Kühlschrank stellen.

Das süße Tomatenkompott auf den gekühlten Joghurt löffeln und servieren. **Ergibt 6 Portionen.**

بسم الله الرحمن الرحيم

KÄSEKUCHEN MIT OFENPOCHIERTEN QUITTEN

ZUBEREITUNG

Das Backrohr auf 180 °C vorheizen. Die Quittenhälften einschichtig auf ein tiefes Backblech legen und Zucker und Zimt darüberstreuen. 625 ml heißes Wasser darübergießen, dann das Blech gut mit Alufolie bedecken und 45 Minuten garen. Die Quitten wenden und weitere 45–50 Minuten garen, bis sie weich sind. Aus dem Rohr nehmen und im Sirup abkühlen lassen. Die Quitten in dünne Scheiben schneiden und den Sirup aufheben.

Für den Käsekuchen den Zucker bei mittlerer bis schwacher Hitze in einem Topf mit 125 ml Wasser verrühren. Zum Sieden bringen und 5 Minuten kochen, dann vom Herd nehmen, den Zitronensaft hineingießen und abkühlen lassen.

Ricotta, Vanillesmark, Eier und Puderzucker in einer Küchenmaschine rühren, bis ein sämiger Brei entsteht. Die Sahne hineingießen, die Pulstaste drücken und den Inhalt ein wenig vermengen. Das Mehl hineinleeren und wieder pulsieren, bis die Mischung sämig ist. Beiseitestellen.

Den Boden und die Seiten einer runden Backform (24 cm Durchmesser) mit reichlich Butter einfetten. Ein Blatt Filoteig in die Form legen und gut mit Butter bestreichen (den restlichen Teig in der Zwischenzeit mit einem feuchten Geschirrtuch zudecken, damit er nicht austrocknet). Eine weitere Teigschicht schräg obenauf legen, sodass ein wenig Teig über die Seiten hängt. Mit Butter bestreichen und weitere Teigschichten in unterschiedlichen Winkeln obenauf legen, sodass sich Überhänge um die ganze Form bilden. Die Ricotta-Mischung in die Backform löffeln und den überhängenden Teig nach oben klappen, sodass er die Füllung bedeckt. Sie können vom überhängenden Teig einige Stücke abreißen, zusammenkneten und damit Lücken in der Mitte füllen. Den Kuchen 40 Minuten im Herd backen, bis er goldbraun und etwas aufgedunsen ist. Dann aus dem Herd holen, den Quittensirup darauflöffeln und auf Zimmertemperatur abkühlen lassen. Den Kuchen in Stücke schneiden und mit den Quitten als Beilage servieren. Dieser Kuchen schmeckt am Tag der Zubereitung am besten. **Ergibt 8 Portionen.**

ZUTATEN

220 g Kristallzucker
1 EL frisch gepresster Zitronensaft
700 g fester, frischer Ricotta-Käse
1 Vanilleschote, der Länge nach geteilt, Samen herausgekratzt
2 Eier
2½ EL Puderzucker
125 ml Schlagsahne
1½ EL Mehl, gesiebt
8 Blätter Filoteig
125 g zerlassene Butter

POCHIERTE QUITTEN

3 Quitten, geschält, ohne Kernhaus und halbiert
330 g Kristallzucker
2 Zimtstangen
625 ml kochendes Wasser

KATMER

ZUTATEN

110 g Kristallzucker
205 ml lauwarmes Wasser
1 TL Trockenhefe
300 g Mehl, gesiebt
1 TL Meersalz
125 g Pistazien
60 g zerlassene Butter

VANILLE-CREME

125 ml Schlagsahne
125 ml Vollmilch
½ Vanilleschote, Mark herausgeschabt, oder 1 TL natürlicher Vanilleextrakt
2 Eigelb
60 g Kristallzucker
2 EL Mehl
etwas Butter

ZUBEREITUNG

Für die Vanille-Creme die Sahne, die Hälfte der Milch und Vanillesamen in einem kleinen Topf vermengen und gerade eben zum Sieden bringen. Vom Herd nehmen. In der Zwischenzeit Eigelb und Zucker in einer Schüssel verrühren, dann die restliche Milch und das Mehl dazugeben. Schlagen, bis die Mischung sämig wird. Die heiße Milchmischung in die Eiermischung gießen. Die neue Mischung in einen sauberen Topf geben, ständig umrühren, damit sich keine Klumpen bilden, und zum Kochen bringen. Bei mittlerer Hitze unter häufigem Umrühren 2 Minuten kochen, dann vom Herd nehmen. In eine Schüssel gießen und ein leicht mit Butter bestrichenes Stück Backpapier auf die Oberfläche legen, um eine Hautbildung zu verhindern. Auf Zimmertemperatur abkühlen lassen. Sie können die Vanille-Creme 2 Tage im Voraus zubereiten und in einem luftdichten Behälter im Kühlschrank aufbewahren.

Für den Teig 1 Teelöffel Zucker und 150 ml lauwarmes Wasser in einer kleinen Schüssel verrühren, dann die Hefe hineinstreuen. Etwa 8 Minuten (oder bis sich Schaum bildet) beiseitestellen, dann weitere 80 ml lauwarmes Wasser hineingießen. Mehl und Salz in einer Schüssel vermengen, die Hefemischung dazugeben und umrühren, bis ein weicher Teig entsteht. Wenn nötig, mehr Wasser hineingießen. Den Teig auf eine leicht bemehlte Fläche legen und 5 Minuten kneten (oder bis er sämig und elastisch ist). Den Teig dann zu einer Kugel formen und diese in eine leicht mit Öl bestrichene Schüssel legen und zum Einfetten wälzen. Mit Frischhaltefolie abdecken und eine Stunde an einen warmen, zugfreien Platz stellen (oder bis der Teig das doppelte Volumen hat). In der Zwischenzeit die Pistazien und den restlichen Zucker in einer Küchenmaschine zerkleinern, bis ein grobes Pulver entsteht. Den Teig auf einer leicht bemehlten Fläche durchkneten, dann in zehn gleich große Stücke teilen. Jedes Stück ausrollen und daraus ein 22 x 20 cm großes Rechteck formen. Den Teig nicht zerreißen – er sollte ziemlich dünn und gut bemehlt sein, damit er nicht an der Arbeitsfläche klebt. Jedes Rechteck mit zerlassener Butter bepinseln, dann 2 knappe Esslöffel der Pistazienmischung darüberstreuen, aber an allen Seiten einen 2 cm breiten Rand lassen. Einen Esslöffel Vanille-Creme in kleinen Klecksen auf den Nüssen verteilen. Die langen Seiten des Teiges vorsichtig strecken, bis sie sich in der Mitte treffen, dann zusammendrücken. Nun die kurzen Seiten nach innen falten und zusammendrücken. So entstehen rechteckige, etwa 12 x 9 cm große Päckchen.

Eine große, schwere Bratpfanne bei mittlerer bis niedriger Temperatur erhitzen. Den Boden großzügig mit zerlassener Butter bestreichen und die Katmer portionsweise auf jeder Seite 3–4 Minuten (oder bis sie goldbraun und knusprig sind) anbraten. Heiß oder warm servieren. **Ergibt 10 Portionen.**

Dieses Dessert (zusammen mit kandierten grünen Walnüssen, kandierten Tomaten und kandierten Baby-Auberginen) steht auf der Speisekarte des beliebten Istanbuler Restaurants Ciya. Mein Rezept ist eine vereinfachte Version – die Tradition verlangt, dass der Kürbis mit Kalziumhydroxid (Löschkalk) geröstet wird.

KANDIERTER KÜRBIS

ZUTATEN

440 g Kristallzucker

1 ½ kg Winterkürbis, geschält, entkernt und in 5 cm große Stücke geschnitten

125 ml Wasser

Sesamsamen zum Servieren

Schlagsahne zum Servieren

ZUBEREITUNG

Den Zucker, die Kürbisstücke und 125 ml Wasser in einem großen Topf langsam zum Sieden bringen. Den Topf zudecken und bei schwacher Hitze 30 Minuten kochen (oder bis der Zucker sich aufgelöst und der Kürbis seinen Saft abgegeben hat). Den Deckel abnehmen und etwa 1 ½ Stunden leicht sieden lassen (oder bis die Flüssigkeit teilweise verdampft und dicker ist). Vom Herd nehmen und den Kürbis im Sirup abkühlen lassen. Der kandierte Kürbis hält in einem luftdichten Behälter im Kühlschrank bis zu 2 Wochen.

Sesamsamen auf den Kürbis streuen und den Kürbis bei Zimmertemperatur mit einem Schlag Sahne an der Seite servieren. **Ergibt 6–8 Portionen.**

EINE TASSE MIRRA IN MARDIN

Was mich nach Mardin lockte, war die Verheißung einer idyllischen, altertümlichen Stadt mit arabischem Flair, bedeutenden syrisch-christlichen Kirchen und hübschen Häusern, oft mit eindrucksvollen Ornamenten in den steinernen Fassaden geschmückt. Sie haben die Farbe einer Bienenwabe und wurden in die Flanke eines steilen Abhangs gebaut. Der Berg überragt die mesopotamische Ebene, die sich bis ins benachbarte Syrien hinzieht. Die Straßen sind abschüssig und schmal, und man benutzt seit Jahrhunderten Esel, um Waren auf den belebten Markt zu bringen.

Den größten Teil meiner Zeit opfere ich für ein Essen im Kamer Vakfı, einem von vielen Restaurants, die im Südosten von Anatolien gebaut wurden, damit Frauen in schwierigen häuslichen Verhältnissen sich ein wenig Geld und Unabhängigkeit verschaffen können. Zehn Frauen servieren abwechselnd das Menü. Wenn ich früh genug komme, treffe ich die Köchin bei der Arbeit an. Geschickt schneidet sie Yufka-Teig in Streifen, stopft Käsebrocken in Sigara Börek, füllt bratfertige Köfte oder entkernt Granatäpfel.

Mein zweiter Lieblingsplatz ist ein Antiquitätengeschäft. Dort bewundere ich alte bernsteinfarbene Rosenkränze, an denen unten türkische Münzen aus den 1930er-Jahren hängen. Jedes Mal, wenn ich komme, um sie begehrlich anzustarren, bietet man mir eine Tasse Mırra an, einen Kaffee, der fast so dick wie Melasse ist, jedoch weniger süß. Aus meinem anfänglichen Ekel vor diesem Kaffee wird rasch Verehrung. Mırra wird auch *Sabos Ayiltan* genannt (»was einen Betrunkenen nüchtern macht«) und überall im Südosten getrunken, vor allem bei Hochzeiten und anderen Festen und Zeremonien. Bald finde ich heraus, dass mit dem Konsum ein ganzes Ritual verbunden ist. Die Zubereitung ist komplex und erfordert mehrfaches Kochen, Abkühlen und Abgießen des Bodensatzes. Das kann acht Stunden dauern, und man braucht drei Personen dafür: eine zum Umrühren, eine zum Eingießen des Kaffees und eine Dritte, um Balladen zu singen. Mırra wird in großen Mengen zubereitet und nach Bedarf aufgewärmt. Man serviert ihn immer in winzigen Tassen ohne Griff, und zum Zeichen des Respekts werden ältere Leute zuerst bedient. Es ist unhöflich, eine Tasse Mırra abzulehnen, weil die Zubereitung so aufwendig ist, und wenn man die Tasse geleert hat (tunlichst in einem Zug), stellt man sie keinesfalls auf den Tisch, sondern überreicht sie dem Gastgeber. Mırra verleiht dem Begriff »bitter« eine völlig neue Bedeutung. Wer einen Koffein-Schub braucht, findet auf diesem Planeten nichts Vergleichbares. Offenbar trübt Mırra auch das Urteilsvermögen; denn ich sprenge mein Budget und kaufe einen Rosenkranz. Daran kann nur der Mırra schuld sein.

APFELKOMPOTT MIT EISCREME UND SESAMKEKSEN

ZUTATEN

750 ml Apfelsaft
385 g Kristallzucker
3 Teebeutel (englischer Frühstückstee)
2 Zimtstangen
½ TL ganze Nelken
900 g kleine Äpfel (Granny Smith), geschält und halbiert

SESAMKEKSE

260 g Mehl
¾ TL Backpulver
125 g Butter, zerlassen
60 ml Vollmilch
75 g Kristallzucker
1 TL natürlicher Vanilleextrakt
1 Eigelb
1 TL gemahlener Kardamom
1 Ei, gut geschlagen
150 g Sesamsamen

EISCREME MIT GERÖSTETEM SESAM

310 ml Vollmilch
560 ml Schlagsahne
6 Eigelb
220 g Kristallzucker
1½ TL natürlicher Vanilleextrakt
90 g Tahin
50 g geröstete Sesamsamen und etwas mehr zum Servieren

ZUBEREITUNG

Für die Eiscreme die Milch und die Sahne bei mittlerer Hitze in einem Topf verrühren und gerade eben zum Sieden bringen. Mit einem Rührbesen Eigelb und Zucker in einer Schüssel verquirlen, bis ein dicker, heller Brei entsteht. Dann die Vanille dazugeben und gut vermengen. Die Milchmischung in die Eigelbmischung gießen und mit einem Holzlöffel gut umrühren. Die neue Mischung bei mittlerer bis schwacher Hitze in einen sauberen Topf gießen und etwa 8 Minuten kochen. Dabei ständig mit einem Holzlöffel rühren, bis die Mischung dick wird und am Löffelrücken klebt. Vom Herd nehmen und leicht abkühlen lassen. Gelegentlich umrühren, damit sich keine Haut bildet. Tahin und Sesamsamen einrühren und die Mischung auf Zimmertemperatur abkühlen lassen. Eine Weile in den Kühlschrank stellen, dann in eine Speiseeismaschine geben und nach Gebrauchsanleitung zubereiten oder in eine flache Metallform geben. Diese in die Gefriertruhe stellen und die Mischung alle paar Stunden schlagen, bis sie gefroren und sahnig ist. Eiscreme hält in einem luftdichten Behälter bis zu einer Woche.

Für die Sesamkekse das Backrohr auf 170 °C vorheizen und ein Backblech mit Backpapier auslegen. Mehl und Backpulver zusammen in eine Schüssel sieben. In einer zweiten Schüssel Butter, Milch, Zucker, Vanille, Eigelb und Kardamom gut verquirlen. Die Mehlmischung dazugeben und mit einem Holzlöffel verrühren, bis ein Teig entsteht. Einen gehäuften Esslöffel nach dem anderen herausnehmen und mit den Händen auf einer leicht bemehlten Fläche zu einer 12 cm langen Walze ausrollen. Diese in zwei Hälften schneiden, oben und an den Seiten mit dem geschlagenen Ei bestreichen und in die Sesamsamen tauchen. Die Kekse aufs Backblech legen und 30 Minuten backen (oder bis sie sich fest anfühlen), dann auf einem Kuchengitter abkühlen lassen. Die Kekse halten sich in einem luftdichten Behälter eine Woche.

Für das Apfelkompott Apfelsaft, Zucker, Teebeutel, Zimt und Nelken bei mittlerer bis schwacher Hitze in einen Topf geben. Langsam zum Sieden bringen, umrühren, damit der Zucker sich auflöst, dann 5 Minuten kochen. Vom Herd nehmen, den Tee 5 Minuten ziehen lassen, dann die Teebeutel entfernen. Die Apfelhälften in den Sirup legen und mit einem Deckel nach unten drücken. Dann bei schwacher Hitze 10–12 Minuten (oder bis sie etwas weich sind) kochen. Auf Zimmertemperatur abkühlen.

Das Apfelkompott mit der Eiscreme und den Keksen als Beilagen servieren. **Ergibt 6 Portionen.**

HEFEPFANNKUCHEN MIT RICOTTA-CREME UND HONIG-ROSENWASSER-SIRUP

ZUBEREITUNG

Für den Sirup den Honig bei mittlerer bis schwacher Hitze in einem Topf mit 125 ml Wasser verrühren. Zum Sieden bringen und ohne Rühren 20 Minuten (oder bis das Wasser teilweise verdampft und goldbraun ist) kochen. Leicht abkühlen lassen und das Rosenwasser einrühren. Zum Abkühlen beiseitestellen.

Für die Ricotta-Creme den Ricotta und den Puderzucker in eine Küchenmaschine geben und rühren, bis die Mischung sämig ist. Kardamom und Sahne dazugeben, die Pulstaste drücken und weiterrühren, bis die Mischung dick wird (nicht zu lang bearbeiten, sonst wird es »buttrig«). In eine Schüssel gießen, mit Frischhaltefolie abdecken und in den Kühlschrank stellen.

Für die Pfannkuchen den Zucker in einer Schüssel mit 60 ml lauwarmem Wasser verrühren, bis er aufgelöst ist; dann die Hefe einstreuen. Etwa 8 Minuten (oder bis sich Schaum bildet) beiseitestellen, dann 310 ml lauwarmes Wasser hineingießen und gut vermengen.

In der Zwischenzeit Mehl, Backpulver und Salz in eine große Schüssel sieben, dann Grieß und Zucker einrühren. Die Hefemischung dazugeben und gut verquirlen, bis ein sämiger Brei entsteht. Dann mit Frischhaltefolie abdecken und bei Zimmertemperatur 30 Minuten (oder bis der Teig etwas blasig wird) beiseitestellen.

Eine große, schwere gusseiserne Bratpfanne bei mittlerer bis niedriger Temperatur erhitzen. Etwas Butter dazugeben und verteilen, um den Boden einzufetten. Gehäufte Esslöffel der Mischung in die Pfanne geben und portionsweise auf jeder Seite 3–4 Minuten backen (oder bis der Teig aufgegangen, leicht goldbraun und durch und durch weich ist). Wenn nötig, mehr Butter in die Pfanne geben. Die fertigen Pfannkuchen auf einen Teller legen und mit einem sauberen Geschirrtuch zudecken, während die restlichen Pfannkuchen backen. Die Ricotta-Creme darauflöffeln, mit Honig-Rosenwasser-Sirup beträufeln und die Pistazien darüberstreuen. **Ergibt 22 Pfannkuchen.**

ZUTATEN

1 Prise Zucker
370 ml lauwarmes Wasser
1 TL getrocknete Hefe
225 g Mehl
1 TL Backpulver
½ TL Meersalz
60 g feiner Grieß
2 EL Kristallzucker
Butter zum Ausbacken
gehackte Pistazien zum Bestreuen

RICOTTA-CREME

250 g fester, frischer Ricotta-Käse
60 g Puderzucker, gesiebt
Samen aus 6 Kardamomschoten, zerdrückt
250 ml Schlagsahne

HONIG-ROSENWASSER-SIRUP

350 g Honig
125 ml Wasser
1 TL Rosenwasser

Zerde – das Wort bedeutet im Persischen »gelb« – ist ein Reispudding, den die Türken in mehreren Varianten genießen. Er ist leicht und duftet nach Safran und Rosenwasser. Dieser Pudding wird seit Jahrhunderten gegessen, meist aus besonderem Anlass.

ZERDE

ZUTATEN

½ TL Safranfäden
60 ml heißes Wasser
75 g weißer Reis (mittelgroße Körner), gewaschen und abgetropft
30 g Maisstärkemehl
80 ml kaltes Wasser
275 Kristallzucker
1 EL Rosenwasser
50 g Rosinen
40 g gehackte Pistazien
Crème double zum Servieren

ZUBEREITUNG

Den Safran in eine kleine Schüssel oder Tasse legen, 60 ml heißes Wasser hineingießen und 1–2 Stunden (oder bis das Wasser eine dunkle Orangefarbe annimmt) beiseitestellen.

Den Reis und 1½ Liter Wasser in einem Topf zum Sieden bringen. Den Topf zudecken, die Hitze auf sehr schwach reduzieren und 20 Minuten (oder bis der Reis weich ist) sieden lassen. Das Maisstärkemehl in einer kleinen Schüssel mit 80 ml kaltem Wasser verrühren, bis eine sämige Paste entsteht. Den Zucker und die Safranmischung in den Reis rühren, die Maisstärkemehlmischung dazugeben und 3–4 Minuten verrühren (oder bis die neue Mischung kocht und dicker wird). Vom Herd nehmen, das Rosenwasser einrühren und leicht abkühlen lassen.

Die Mischung in sechs Gläser mit je 300 ml Volumen verteilen, Rosinen und Pistazien hineinstreuen und auf Zimmertemperatur abkühlen lassen. Mit Frischhaltefolie abdecken und in den Kühlschrank stellen. Den gekühlten Zerde mit Crème double servieren. Im Kühlschrank hält sich zugedeckter Zerde bis zu 4 Tage. **Ergibt 6 Portionen.**

GERÖSTETE PFLAUMEN MIT PEKMEZ-ZABAIONE

ZUTATEN

1¼ kg feste, reife Pflaumen
2½ EL Kristallzucker
gehackte Pistazien zum Servieren

PEKMEZ-ZABAIONE

1 l Wasser
6 Eigelb
100 g Kristallzucker
125 ml Pekmez (siehe Anmerkung S. 73)
60 ml Wasser

ZUBEREITUNG

Das Backrohr auf 180 °C vorheizen. Die Pflaumen halbieren, entkernen und mit der aufgeschnittenen Seite nach oben einschichtig auf ein großes Backblech legen. Mit Zucker bestreuen, dann 15–20 Minuten (oder bis sie etwas weich sind) im Rohr rösten. Aus dem Backrohr holen und auf Zimmertemperatur abkühlen lassen.

Für die Zabaione einen Liter Wasser in einem Topf zum Kochen bringen. Eine große Schüssel aussuchen, die gut auf den Topf passt, ohne das Wasser zu berühren. Den Topf vom Herd nehmen und Eigelb, Zucker, Pekmez und 60 ml Wasser in der Schüssel verrühren. Die Schüssel auf den Topf mit dem siedenden Wasser stellen und die Mischung bei mittlerer Hitze 8–10 Minuten mit einem elektrischen Rührbesen verquirlen (oder bis sie voluminöser und sehr dick geworden ist – wenn der Rührbesen angehoben wird, sollte sich kurz ein Teigstrang bilden). Ohne ständiges Verquirlen trennt sich die Mischung. Die Schüssel dann auf eine zweite Schüssel mit kaltem Wasser stellen und den Inhalt weiter verquirlen, bis die Mischung auf Zimmertemperatur abgekühlt ist. Die Pflaumen darauflöffeln, die Pistazien darüberstreuen und servieren. Sie können die Zabaione bis zu einer Stunde im Voraus zubereiten. **Ergibt 6 Portionen.**

HASELNUSS-SCHAUMGEBÄCK MIT ROSENCREME UND GERÖSTETEN ERDBEEREN

ZUTATEN

125 g Haselnüsse, geröstet und geschält
3 Eiklar
150 g Kristallzucker

ROSENCREME

300 g Quark
2½ EL Puderzucker
1 TL Rosenwasser (oder nach Geschmack)
80 ml Schlagsahne
3–4 Tropfen rote Lebensmittelfarbe (optional)

GERÖSTETE ERDBEEREN

800 g Erdbeeren, gesäubert und der Länge nach halbiert
220 g Kristallzucker
125 ml Wasser

ZUBEREITUNG

Für die geröstete Erdbeeren das Backrohr auf 180 °C vorheizen. Die Beeren einschichtig auf einem Backblech verteilen und mit Zucker bestreuen. Vorsichtig 125 ml Wasser darübergießen und 25 Minuten backen (oder bis die Beeren weich sind und sich ein Sirup gebildet hat). Bei Zimmertemperatur beiseitestellen.

Für die Rosencreme Quark, Puderzucker und Rosenwasser in einer Küchenmaschine zu einem sämigen Brei verarbeiten. Die Schlagsahne hineingießen, die Pulstaste betätigen und die Mischung dick und sämig werden lassen. Dann in den Kühlschrank stellen.

Das Backrohr auf 150 °C vorheizen. Zwei Backbleche mit Backpapier auslegen. Die gerösteten Haselnüsse in der Küchenmaschine sehr fein mahlen.

In einer zweiten Schüssel die Eiklar mit einem elektrischen Rührbesen zu einem festen Schnee schlagen. Dann unter ständigem Schlagen esslöffelweise den Zucker hineinleeren. Die Mischung sollte sehr dick sein und glänzen. Vorsichtig die Haselnüsse einrühren.

Gehäufte Esslöffel der Schaumgebäckmischung auf die Backbleche geben und ein wenig flach drücken. 20 Minuten backen (oder bis die Baiser sich trocken anfühlen). Den Herd ausschalten und das Schaumgebäck in der Röhre vollständig abkühlen lassen.

Die Baiser auf der flachen Seite mit Rosencreme bestreichen, jeweils 2 zusammenkleben und sofort mit den gerösteten Erdbeeren als Beilage servieren. Nicht gefüllte Baiser halten sich in einem luftdichten Behälter bis zu einer Woche. **Ergibt 18 Portionen.**

GRANATAPFELGEL MIT ZUCKERWATTE

ZUTATEN

1 ¼ l Granatapfelsaft
145 g Kristallzucker
40 g Maisstärkemehl
persische Zuckerwatte (siehe Anmerkung) zum Servieren
Granatapfelkerne zum Servieren

ZUBEREITUNG

Granatapfelsaft und Zucker bei mittlerer Hitze in einen Topf geben. Zum Sieden bringen und umrühren, bis der Zucker sich auflöst; dann weitere 20 Minuten sieden lassen (oder bis das Wasser zur Hälfte verdampft ist). Das Maisstärkemehl mit etwas Wasser verrühren, bis eine sämige Paste entsteht. Diese in den Topf geben und 3 Minuten ständig umrühren (oder bis die Mischung kocht und dick wird). Vom Herd nehmen und auf Zimmertemperatur abkühlen lassen. Gelegentlich umrühren, damit sich keine Haut bildet.

Das Granatapfelgel in vier oder sechs Serviergläser mit je ca. 200 ml Volumen verteilen, dann jedes Glas mit Frischhaltefolie abdecken und 4 Stunden oder über Nacht in den Kühlschrank stellen. Die Zuckerwatte auf dem Gel verteilen, Granatapfelkerne darüberstreuen und servieren. **Ergibt 4–6 Portionen.**

Anmerkung: Zuckerwatte hat ihren Ursprung in Persien, wo sie Paschmak (kleine Wolle) genannt wird. Die Türken haben ihre eigene Variante. Persische Zuckerwatte ist in den meisten Lebensmittelfachgeschäften und Feinkostgeschäften erhältlich.

PRALINEN MIT ROSENWASSER UND PISTAZIEN

ZUTATEN

250 g Pistazien
30 g Puderzucker
220 g Kristallzucker
2 EL flüssige Glukose
2½ EL Wasser
3 TL Rosenwasser
Lakritzbonbons (möglichst farblich passend überzogen)

ZUBEREITUNG

Pistazien und Puderzucker in einer Küchenmaschine zerkleinern, bis ein sehr feines Pulver entsteht.

Kristallzucker, flüssige Glukose und 2½ EL Wasser bei mittlerer bis schwacher Hitze in einen kleinen Topf geben und etwa 8 Minuten sieden lassen (um zu prüfen, ob die Konsistenz stimmt, lässt man einen Tropfen der Mischung in ein Glas kaltes Wasser fallen. Es bildet sich dann eine weiche, elastische Kugel). Vom Herd nehmen und die Zuckermischung bei laufendem Motor zur Pistazienmischung in die Küchenmaschine gießen und das Rosenwasser dazugeben. Mixen, bis eine Paste entsteht, dann in eine große Schüssel leeren und leicht abkühlen lassen, bis man sie gerade so anfassen kann. Mit den Hände kneten, bis sie sämig und formbar ist. Jeweils einen gehäuften Teelöffel der Mischung mit den Händen zu einer sauberen Kugel rollen. In jede Kugel, während sie noch warm ist, ein Lakritzbonbon drücken; dann in Papierbackförmchen legen.

Die Pralinen mit Tee oder Kaffee servieren. Sie halten sich in einem luftdichten Behälter bei Zimmertemperatur bis zu 5 Tage. **Ergibt etwa 28 Pralinen.**

KAFFEECREME MIT HELVA-ROLLEN

ZUTATEN

250 ml Vollmilch
250 ml Schlagsahne
375 ml sehr starker, frisch gebrauter Espresso
4 Kardamomschoten, gequetscht
220 g Kristallzucker
8 Eigelb, leicht geschlagen
kochendes Wasser

HELVA-ROLLEN

6 Blätter Filoteig
125 g zerlassende Butter
175 g Helva, gerieben (siehe Anmerkung)
40 g gehackte Mandeln

ZUBEREITUNG

Für die Kaffeecreme das Backrohr auf 160 °C vorheizen. Milch, Sahne, Espresso, Kardamom und Zucker bei mittlerer Hitze 3–4 Minuten verrühren (oder bis der Zucker sich aufgelöst hat). Vom Herd nehmen und leicht abkühlen lassen. In eine große Schüssel seihen und den Kardamom entfernen.

Die Eigelb in die Milchmischung geben und gut verrühren. Die Mischung in sechs ofenfeste Auflaufförmchen (je 250 ml Volumen) verteilen und diese in ein großes Backblech stellen. Kochendes Wasser hineingießen, bis die Förmchen halb untergetaucht sind, dann 45 Minuten backen (oder bis die Mischung fast erstarrt ist – die eingedickte Creme sollte in der Mitte etwas puddingförmig bleiben). Auf Zimmertemperatur abkühlen, dann mit Frischhaltefolie abdecken und mindestens 2 Stunden in den Kühlschrank stellen.

Für das Helva-Gebäck das Rohr auf 180 °C vorheizen und ein Backblech leicht einfetten. Ein Blatt Filoteig auf eine saubere Fläche legen und mit zerlassener Butter bepinseln (den Rest des Teiges unter einem feuchten Geschirrtuch aufheben, damit er nicht austrocknet). Der Breite nach in der Mitte falten und durchschneiden. Jedes Stück (das kurze Ende ist Ihnen zugewandt) mit Butter bepinseln etwa 2 ½ Teelöffel Helva entlang einer Kante so verteilen, dass an beiden Seiten ein 1 cm breiter Rand bleibt. Die Seiten nach innen klappen und den Teig sauber zusammenrollen. Nicht zu eng rollen, damit die Rollen beim Backen nicht zerbrechen. Auf das Backblech legen und mit den restlichen Filoblättern weitermachen, bis sie aufgebraucht sind. Die Rollen überall mit Butter bepinseln, mit Mandeln bestreuen und 15 Minuten backen (oder bis sie goldbraun und knusprig sind). Dann auf einem Kuchengitter abkühlen lassen. Die Helva-Rollen mit dem abgekühlten Kaffeepudding servieren. **Ergibt 6 Portionen.**

Anmerkung: Helva ist eine Süßspeise aus zerquetschten Sesamsamen oder Mandeln und gekochtem Sirup. In der Türkei verarbeitet man sie zu Blöcken, die scheibenweise verkauft werden. Sie ist in Lebensmittelgeschäften erhältlich, die Produkte aus dem Nahen Osten und der Türkei führen.

REGISTER

DANKSAGUNGEN

Mist destek na bên lêdan

(»Du kannst nicht mit einer Hand klatschen«)

Kurdisches Sprichwort

Viele hatten bei der Entstehung dieses Buches ihre Hand im Spiel, manche wissentlich, andere unwissentlich.

Danken möchte ich vor allem meinen beiden Söhnen Andrew und Harry, die meine lange Abwesenheit so großzügig erduldeten, während ich durch die Türkei streifte. Meinem fabelhaften Foto-Team – Amanda McLauchlan, Aimee Jones und Anna Shaw – ein herzliches *teşekkür ederim*. Dank eurer hervorragenden Arbeit ist das Buch so schön geworden. Hugh Ford, Livia Caiazzo und Jacqueline Blanchard danke ich dafür, dass sie so wundervolle Mitarbeiter und obendrein unendlich geduldig waren.

Dem ganzen Team bei Murdoch Books (damals wie heute) danke ich von Herzen für die zahlreichen Anregungen und aufmunternden Worte im Laufe vieler Jahre: Kay Scarlett, Jane Lawson, Vivien Valk, Kylie Walker, Anneka Manning und Juliet Rogers.

Zum Schluss bedanke ich mich bei den vielen anderen Menschen in Neuseeland, in Sydney und überall in der Türkei – zu viele, um alle aufzuzählen –, die mir bei diesem Projekt auf vielerlei Weise geholfen haben. Ihr habt mich von der Seitenlinie aus unterstützt, beraten, bewirtet und angefeuert (und ihr habt mir Tee gekocht und Kilims verkauft!). Ein herzliches Dankeschön euch allen!

Die englische Originalausgabe erschien 2011 unter dem Titel *Turkey – Recipes and Tales from the Road* bei Murdoch Books Pty Ltd. © Murdoch Books UK Ltd.

www.collection-rolf-heyne.de

2. Auflage 2013

Herausgeber: Kylie Walker
Design: Hugh Ford
Styling: Aimee Jones; Assistenz Styling: Anna Shaw
Rezeptredaktion der Originalausgabe: Jacqueline Blanchard

Übersetzung aus dem Englischen: Martin Rometsch, Mengen
Redaktion und Satz: imprint, Zusmarshausen
Redaktion der Rezepte: Dr. Regina Roßkopf, München

Druck: 1010 Printing International Ltd.
Printed in China

ISBN 978-3-89910-523-0
[redacted]

Hinweise für den Leser

- Die in den Rezepten angegeben Gar- und Backzeiten sind Richtwerte, die je nach Gargut, Backofeneigenschaft und Vorliebe des Kochenden variieren können. Generell gilt: Geflügel muss immer vollständig durchgegart sein. Prüfen Sie, ob Sie mit in den Rezepten angegebenen Garstufen bei Fleisch und Gemüse einverstanden sind. Wenn nicht, dann garen Sie es einfach etwas kürzer oder länger.
- Die Zubereitungstemperaturen und Zeiten beziehen sich auf konventionelle Backöfen. Wenn Sie einen Heißluftofen besitzen, reduzieren Sie die Ofentemperatur um 20 °C.
- Schwangere Frauen, Kinder, ältere Menschen und alle, die eine geschwächte Immunabwehr haben, sollten keine Gerichte mit rohen oder nur leicht gegarten Eiern verzehren. Geben Sie stets Eiern aus Bio-Freilandhaltung, am betsen aus Direktvermarktung ab Hof, den Vorzug.
- Wenn Sie Geflügel kaufen, nehmen Sie Bio-Freilandgeflügel, am besten aus Direktvermarktung – das schmeckt nicht nur besser und ist, weil die Tiere keine Antibiotika erhalten, gesünder, man kann es auch mit gutem Gewissen essen: Die Tiere hatten einfach ein schöneres Leben als das konventionell gehaltene Masttier aus der industriellen Produktion. (Das gilt natürlich auch für Kalb-, Rind- und Lammfleisch.) Wir alle entscheiden beim Kauf, wie das Fleisch, das wir essen, erzeugt worden sein soll! Fisch aus nachhaltiger Fischerei ist ebenso die bessere Wahl.

Dank

Der Originalverlag dankt Aeria, Bison, Clay & Flax, Little White Dish, Mud Australia, New Direction Imports and Wood Paper Silk für ihre Hilfe beim Styling der im Buch gezeigten Gerichte.